말더듬을 고치고
내 인생이 달라졌다

| 일러두기 |

이 책에 등장하는 주요 기사, 소설, 시 등의 인용문은
원문을 그대로 따라 쓰되 일부는 트레이닝을 위해 수정했습니다.

말더듬을 고치고
내 인생이 달라졌다

임유정 지음

원앤원북스

나는 지금껏 말더듬을
사랑하는 사람을 보지 못했다

지금까지 말더듬을 사랑하는 사람을 보지 못했다. 대부분의 사람들은 말더듬을 생기지 말아야 하는 병으로 여기고 말더듬 때문에 인생이 바로 서질 못했다고 생각한다. 하지만 나는 나의 말더듬을 사랑한다. 말더듬으로 어렵고 힘든 시간을 보내기도 했지만, 말더듬을 극복한 뒤에는 자신감을 얻어 아나운서와 쇼핑호스트 등 방송인으로 활동할 수 있었다. 말더듬은 내 인생의 터닝 포인트를 만들어준 고마운 은인이기도 하다.

이 책은 14년 동안 누군가의 목소리를 바꿔주는 보이스 트레이너로 활동하고 목소리와 스피치 관련 저서를 10권 이상

출간하면서 사람들에게 가장 많이 요청받았던 책이다. "말더듬을 치료할 수 있는 책을 내주세요."라는 말을 무수히 많이 들어왔다. 하지만 말더듬으로 고민하는 대부분의 사람들이 그러하듯 나에게도 말더듬은 숨기고 싶은 과거였다. 거기다가 내가 성공했던 말더듬 극복 방법이 누군가에게는 '난 열심히 하지 않았어. 말더듬은 내 책임이야.'라는 자책감을 심어줄 수도 있기 때문에 위와 같은 요청들을 거절해왔다.

그런데 지난 14년간 라온제나 스피치의 대표로 일하며 말더듬으로 고민하는 수강생들이 얼마나 절실하게 이것을 고치고 싶어 하는지 알게 되었다. 말더듬이 단순한 말막힘의 문제가 아니라 한 사람의 인생을 통째로 지배하는 것을 보며, 내가 가진 작은 힘으로라도 무언가 해야겠다고 결심하게 되었다.

나는 어렸을 때부터 말을 더듬었다. 그것도 아주 심하게. 초등학교 2학년 때 내가 다른 사람들과 다르게 말한다는 사실을 인지하게 되었고 나를 이렇게 낳은 부모님을 원망하기도 했다. 그러던 어느 날 아버지는 말더듬을 심하게 앓는 나에게 KBS 방송국에서 아르바이트할 기회를 마련해주었고 나는 그곳에서 일하며 많은 충격을 받았다. 말을 잘하는 사람이 너무

나 많았다. 당시 나는 20대 초반이었는데 이렇게 말을 더듬다 가는 30대, 40대 인생도 뻔할 거라는 생각이 들었다. 그때부터 말더듬을 고치기 위한 사투가 시작되었다. 아나운서들에게 좋은 목소리를 만드는 방법을 물어보고, 책을 보고, 눈에 잘 들어오지도 않는 논문까지 찾아보며 말하기든 성악이든 노래든 말더듬에 관련된 내용이라면 뭐든 몸으로 부딪치며 연습했다. 심지어 식초에 계란 노른자를 타 먹으면 목소리가 좋아진다는 말을 듣고, 비과학적이지만 도움이 될 수도 있다는 희망에 매일 먹다가 위가 상하기도 했다. 그런데 정말 그러한 노력을 하늘이 알아준 것일까? 운이 아주 좋았다. 말하기가 조금씩 편해졌고, 서서히 말더듬을 극복하게 되었다. 이후 자신감이 생겨 KBS 리포터, MBN 증권캐스터, GS홈쇼핑 쇼핑호스트까지 하게 되었다.

"말하기가 편해졌어요." 말더듬으로 고민하는 사람들이 가장 하고 싶은 말이 아닐까? 보이스 트레이닝 과정을 듣는 수강생들은 '말하기가 편해졌다'는 말을 가장 먼저 한다. 이 말은 '나도 할 수 있다'는 확신을 품게 하고 더 많은 보이스 트레이닝을 성취하게 도와주는 동기부여가 된다.

내가 말더듬을 극복할 수 있었던 결정적인 이유 또한 '말더듬'에 사로잡히지 않고 '아나운서처럼 말을 잘하고 싶다'는 희망을 품었기 때문이다. 말더듬이라는 부정적인 감정에 집중하는 것이 아니라 '나도 연습하면 아나운서처럼 말을 잘할 수 있게 된다'는 긍정적인 목표설정이 내 인생을 완전히 바꾸었다. 여러분이 이 책과 함께 말더듬 트레이닝을 할 때도 자신의 목소리를 고치려고 하지 않았으면 좋겠다. 지금 목소리를 보완하는 것이 아니라 마치 아나운서나 연기자 같은 새로운 목소리와 말투를 가진다고 생각하라는 의미다. 말더듬은 새로운 언어 습관이다. 기존의 것을 수정하고 보완하려고 하면 시간이 더욱 오래 걸린다. 그러니 완전히 새로 처음부터 시작하는 것이다. 다른 사람이 되어서 말이다.

다시 말하지만 나는 정말 운이 좋은 케이스였다. 말더듬으로 고민하는 사람들 중에서는 말더듬 때문에 예순이 넘어서도 지난 삶을 후회하는 사람들이 많다. 말더듬 때문에 사람들을 기피하고 대화할 때 말하는 걸 꺼리고 듣기만 했다면 지금의 나도 없었을 것이다.

이 책에서 제시하는 것은 딱 세 가지다. 첫째, 말더듬을 극복할 수 있는 기술적인 트레이닝이다. 둘째, 말더듬에 대한 공포에서 벗어나는 사고전환이다. '말을 좀 더듬을 수도 있지.'라고 생각할 수 있도록 말이다. 셋째, 무언가를 시도할 때 더 이상 말더듬이 내 인생에 태클을 걸지 못하게 하는 자신감이다.

이 책은 이론서가 아니다. 이 책에서 제시하는 목소리의 기술은 몸으로 직접 따라 해야 달라진다. 말더듬의 원인과 증상, 유형, 해결책에 대한 이론서는 많다. 하지만 이러한 이론서에는 말더듬을 극복하는 구체적인 과정과 예시가 부족하다. 이 책은 지긋지긋한 말더듬을 교정하기 위해 몸이 고달파야 한다는 사실을 알려준다. 책 곳곳에 실전 영상을 집어넣어서 책을 읽으며 따라 연습할 수 있도록 했다. 책의 내용은 본격적인 말더듬 트레이닝 과정의 20%에 불과하다. 나머지 80%는 영상을 통해 이해하고 실행해야 한다. 영상을 보지 않으면 말더듬 극복 방법이 무슨 말인지 제대로 이해하기 어려울 것이다. 반드시 영상을 보고 여러분의 목소리와 영상 속 목소리를 비교하며 연습하길 바란다.

무조건 소리를 내서 연습해보자. 소리 내며 연습할 때 가장 방해가 되는 사람들은 바로 가족이다. 가족들에게 "그런다고 말더듬이 교정되겠어?" "시끄러운데 나중에 연습하면 안 돼?"

라는 말을 듣는다면 "나는 무조건 말더듬을 고칠 거야. 내 인생에 태클 걸지 마!"라고 당당히 말하길 바란다. 내 인생은 누구도 책임져주지 않는 나의 것이다.

항상 내가 이 땅에 온 의도와 목적을 알려주시는 주님과 이 책을 쓰기까지 나와 함께 말더듬 트레이닝을 해준 우리 라온제나 스피치 수강생들에게 진심으로 감사하다는 말씀을 전한다.
이제 시작이다. 말더듬, 너 이제 큰일 났다!

임유정

* 7일 과정 반복 트레이닝

최소 1개월에서 3개월 진행한다. 계속 꾸준히 하면 말더듬을 극복할 수 있다.

7DAYS 완성 계획표

DAY	날짜	시간	트레이닝	페이지
1	/	시간 분	비포 영상 촬영하기	39
	/	시간 분	복식호흡 연습법	52
	/	시간 분	배짜기 훈련	55
	/	시간 분	허리 숙여 배짜기 훈련	60
2	/	시간 분	입안의 아치 넓히기	71
	/	시간 분	가갸거겨 아치 넓히기	74
	/	시간 분	크래시아 아치 넓히기	78
	/	시간 분	바르미 연습법	81
3	/	시간 분	모음 발음 훈련	95
	/	시간 분	자음 발음 훈련	104
	/	시간 분	채누보 연습법	112
	/	시간 분	공명점 연습법	117
4	/	시간 분	배털기 훈련	129
	/	시간 분	허리 숙여 배털기 훈련	135
	/	시간 분	호흡 버티기 훈련	139
	/	시간 분	허리 숙여 바르미 끼고 호흡 버티기 훈련	148
5	/	시간 분	말 중간에 쉬기 훈련	161
	/	시간 분	시 낭송 훈련	167
	/	시간 분	동그란 목소리 연습법	170
	/	시간 분	강약 프라서디 연습법	174
6	/	시간 분	호흡 끌어 올리기 훈련	185
	/	시간 분	긴장톤 훈련	190
	/	시간 분	리듬 스피치 훈련	195
	/	시간 분	샤우팅 이어 붙이기 훈련	204
7	/	시간 분	자기 목소리 경청하기	215
	/	시간 분	자기대화 기록하기	220
	/	시간 분	실전 리딩 연습	232
	/	시간 분	애프터 영상 촬영하기	246

7DAYS 트레이닝 완벽 정복

맞춤 훈련 예문과 방법

상세한 훈련 방법과 말더듬 맞춤형 훈련 예문을 엄선했습니다. 발음기관 부터 호흡, 발성, 자세 등 트레이닝의 효과를 톡톡히 올려줄 일러스트 또한 트레이닝에 도움을 줍니다.

훈련 동영상 무료 제공

혼자 트레이닝하기 어렵다면 저자가 직접 훈련 예문을 읽는 동영상을 QR 코드를 통해 만나보세요. 트레이닝의 효율이 높아집니다.

스스로 진단하는 체크 리스트

책 곳곳에 있는 체크 리스트로 자신만의 훈련일지를 만들어보세요. 이 책 한 권이면 말더듬, 극복할 수 있습니다.

1부

내 인생을 힘들게 한
말더듬에 관한 오해

나는 전국에 6개 지점을 낸 스피치 학원을 운영하는 원장이자 보이스 트레이너다. 2006년부터 말하는 데 불편함을 느끼는 사람들을 대상으로 목소리를 교정해주거나 발표불안을 극복하게 도와주고 논리적으로 말하는 법을 가르쳐왔다. 학원을 운영하기 전에는 리포터, 아나운서, 쇼핑호스트 등으로 활동하며 다양한 방송을 진행했다.

사실 나는 어렸을 적 말을 심하게 더듬는 아이였다. 입만 열면 사람들에게서 "너 왜 말을 더듬니? 말 좀 천천히 해라. 똑바로 말해봐."라는 이야기를 들었다. 그런데 20대 초반 우연히 KBS 방송국에서 아르바이트생으로 일하게 된 것을 계기로 말더듬을 극복하게 되었다. 처음에는 이런 생각을 했다. '말 잘하는 사람이 이렇게나 많다니! 방송국 아나운서, 기자, PD들은 이렇게 말을 잘하는데 왜 나는 말을 버벅거리지?' 그러나 누구든 말하기 기술을 훈련하면 목소리가 좋아질 수 있다는 아나운서의 조언에 희망을 품고 말더듬 트레이닝을 시작했다. 그때는 너무 어려서 이것저것 고민하지 않고 그저 단순하게 생각했다. "말더듬을 반드시 극복하겠어. 말더듬을 극복하지 않는다면 내 인생은 끝이야." 어떻게 보면 애초부터 말더듬에 관한 이런저런 고민을 하기보다는 반드시 고쳐야 한다는 생각만 했던 것 같다.

말더듬을 가진 대부분의 사람들은 말더듬에 관해 여러 가지 복잡한 생각을 하는 데 에너지를 쏟는다. 그러나 정말 말더듬을 고치고 싶다면 여러 생각에 매여 있어서는 안 된다. 만약 여러분이 말더듬에 관한 고정관념과 오해에 매여 있다면 "다들 고치는데 왜 나라고 못 고쳐?"라고 단순하게 생각해보자. 복잡하게 생각할 시간에 몸을 조금이라도 더 움직여 말더듬 트레이닝을 해보자. 내가 꾸준한 연습을 통해 말더듬을 고친 것처럼 여러분도 말더듬을 고칠 수 있다. 이제 대부분의 사람들이 말더듬에 관해 가지고 있는 오해를 살펴보자.

오해 1: 말더듬은 고칠 수 없다

말더듬을 평생 안고 가야 하는 숙명으로 생각하는 사람들이 있다. 절대 아니다. 말더듬은 충분히 고칠 수 있다. 말더듬을 극복해 아나운서와 쇼핑호스트로 일하고, 지난 14년간 보이스 트레이너로 활동하고 있는 내가 바로 그 증거다. 말더듬은 당연히 고칠 수 있다.

오해 2: 말더듬을 고치는 것은 어렵고 힘들다

전혀 아니다. 말더듬과 말막힘을 고치기 위한 보이스 트레이닝을 진행하면 수강생들에게 이런 말을 가장 많이 듣는다. "정말 신기해요. 짧은 시간 훈련했는데도 어떻게 말이 안 막히죠?" 말하려고 할 때마다 매번 말막힘이 생겨 불편했던 사람이라도 잠깐의 트레이닝을 거치면 물 흐르듯 자연스럽게 말할 수 있게 된다. 그 과정 자체는 간단하다. 원리를 한 번 깨닫기만 하면 된다. 말막힘은 숨을 밖으로 토해내고, 말 중간에 잘 쉬고, 말에 리듬을 넣으면 없어진다.

오해 3: 지금 가지고 있는 목소리를 바꿔야 한다

말더듬을 훈련할 때 지금의 더듬거리는 목소리를 수정하고 보완하려고 해서는 안 된다. 마치 새로운 언어를 배우듯 새롭게 시작해야 한다. 내가 말더듬을 극복할 수 있었던 이유 또한 내가 가진 말더듬을 고치려는 생각 대신 아나운서처럼 잘 말하겠다는 새로운 목표를 설정한 덕분이다. 여러분도 지금의 목소리를 바꿔 말더듬을 고친다는 생각이 아니라 아나운서처럼 말하기에 도전해야 한다.

오해 4: 말더듬은 병이다

아니다. 말더듬은 병이 아니라 습관일 뿐이다. 습관을 바꾸면 된다. 말더듬을 극복할 수 있는 여러 트레이닝 기술이 있으니 이를 충분히 반복해 연습하면 된다. 때로는 말더듬이 문제가 아니라 말더듬을 버리지 못하는 자기 자신이 더 큰 문제가 되기도 한다. 말더듬을 안전지대라고 여기는 것이다. 혹시 무언가를 도전할 때 '나는 어차피 말더듬 때문에 못 해. 포기하자.'라며 말더듬을 핑계 삼아 마음의 안전지대를 만들어두진 않았는지 자신에게 한번 물어보자. 정말로 말더듬을 버리고 싶은지 스스로를 돌이켜보자.

오해 5: 연습을 멈추면 다시 말을 더듬게 된다

아니다. 몸으로 배운 것은 절대 잊어버리지 않는다. 자전거, 인라인스케이트, 골프를 익힌 것처럼 말이다. 물론 한참 멈추었다가 오랜만에 다시 하다 보면 순간적으로 어색할 수 있지만 완전히 처음처럼 돌아가지는 않는다. 또한 말을 더듬지 않는 명확한 기술이 있는데 과연 중간에 연습을 포기하는 사람들이 있을까? 우리의 인생을 그토록 힘들게 했던 말더듬이다. 방법을 아는데 말더듬 트레이닝을 포기할 이유는 없다.

오해 6: 말더듬을 교정하는 방법은 복잡하다

사람들의 생각보다 말더듬 교정은 복잡하지 않다. 말더듬을 교정하려면 다음 세 가지를 기억한다. 첫째, 숨이 앞으로 쏟아져 나와야 한다. 둘째, 중간중간 쉬면서 말해야 한다. 셋째, 말 안에 리듬을 넣어 노래 부르듯 말해야 한다. 책상이나 방에 꼭 써놓자. 이 세 가지만 잊지 않는다면 말더듬 교정은 절대 어렵지 않다.

내 인생을 힘들게 한 말더듬에 관한 오해

2부

말더듬,
도대체 어떤 거야?

본격적인 트레이닝에 앞서 말더듬의 정체를 파악해보겠다. 무엇이든 그 정체를 파악하면 상대하기 쉬운 법이다. 말더듬의 유형과 원인, 증상을 살펴보고 자신의 말더듬은 어느 경우에 해당하는지 스스로 알아보자.

말더듬의 정의

말더듬(stuttering)은 말이 막히는 현상을 뜻한다. 사람마다 정도의 차이는 있지만, 주로 일상적인 대화를 하거나 많은 사람들 앞에 나가 말하는 중간에 말을 더듬는 증상이 나타난다. 말을 더듬거리는 횟수가 많아 신경이 쓰이고, 말할 때 심리적인 부담을 느낀다면 말더듬 증상이 있다고 본다. 한마디로 '말할 때 말을 더듬거리거나 막히는 정도가 심해 의식하며 신경이 쓰이는 것'을 말더듬이라고 한다.

말더듬의 유형

말더듬은 증상의 형태에 따라 '첫 음 막힘' '중간 막힘' '특정 단어 막힘' 이렇게 세 가지 유형으로 나눈다. 이 세 가지 증상이 모두 나타난다면 상당히 진전된 말더듬이라 할 수 있으며 반드시 트레이닝을 통해 극복해야 한다. 또한 말더듬의 발생 원인에 따라 '기술적인 말막힘'과 '심리적인 말막힘'으로 나눌 수 있다. 이러한 말더듬의 다섯 가지 유형을 살펴보자.

첫 음 막힘

첫 음이 잘 안 나오는 경우다. 예를 들어 "안녕하세요. 반갑습니다. 지금부터 발표를 시작하겠습니다."라는 말을 할 때 "아

아아안녕하세요. 바바바반갑습니다. 지지지지금부터" 이렇게
첫 음에서 말막힘 증상이 나타난다.

중간 막힘

첫 음을 무사히 넘기긴 했는데, 그다음 말이 막힐까 봐 빨리
이야기하게 되고 중간에 말이 턱 하고 막히는 경우다. 이런 경
우는 "그게 뭐였지?" "아, 생각이 안 난다."처럼 우선 다른 말로
회피한 다음, 원래 하고자 했던 말을 다시 이어가거나 다른 동
의어로 바꿔 말하면 좋다.

특정 단어 막힘

대부분의 말이 자연스럽게 나오는데 특정 단어가 잘 안 나
오는 말막힘이다. 주로 말더듬이 경미하거나 어느 정도 훈련
을 통해 말더듬이 좋아진 상태에서 겪게 되는 증상이다. 나는
말더듬 트레이닝을 하고 나서도 '대전' '대나무' '나타나다' '특
이하다'라는 특정 단어가 잘 나오질 않았다. 말더듬을 겪고 있
는 사람들 가운데 예를 들어 '아이' '하얗다' 등 'ㅇ'이나 'ㅎ'으
로 시작하는 단어가 잘 나오지 않는 경우도 많다.

기술적인 말막힘

말의 스피드가 빠르거나, 톤이 높거나, 리듬 없이 일자톤으로 말하거나, 소리가 입안으로 먹어 들어가면 생기는 말막힘이다. 이러한 말막힘은 기술적인 보이스 트레이닝만 연습해도 손쉽게 개선할 수 있다.

심리적인 말막힘

평소에는 괜찮다가 특정 대상이나 불편한 사람을 마주했을 때, 어색한 환경에 놓이거나 말의 강박이 느껴졌을 때 생기는 말막힘이다. 기술적인 보이스 트레이닝도 필요하지만 왜 지금 말하기가 불편한지를 스스로 깨닫고, 자신과의 긍정적인 대화를 통해 마음의 평안을 되찾아야 말더듬이 나아질 수 있다.

말더듬의 원인

어느 증상을 겪든 말더듬은 치료할 수 있다. 물론 증상에 따라 말더듬이 완전히 없어지는 사람도 있고 흔적이 남는 사람도 있을 수 있다. 하지만 중요한 것은 본인의 '의식'에 달려 있다. '아, 말 좀 더듬을 수도 있지.' '오늘 컨디션이 별로인가 봐. 말을 조금 더듬네.' 이러한 마음으로 말더듬을 대한다면 삶도 충분히 변화할 수 있다. 그럼 이제 말더듬은 왜 생기는 건지 말더듬의 원인을 한번 살펴보자.

말더듬의 원인은 사람마다 조금씩 다르다. 한 가지의 원인이 아니라 복합적인 경우가 많다. 편한 사람들과 있을 때 말이 잘 나온다는 사람들은 말막힘의 원인이 심리적인 부분에 있을 수 있다. 하지만 주변 환경에 상관없이 컨디션에 따라 말막힘이 생기는 사람들은 그 원인이 기술적인 부분에 있을 가능성이 크다.

신체 유전 또는 기질

나의 가족 중에서도 나뿐 아니라 아버지와 할아버지 또한 말을 더듬으신다. 이처럼 부모에게서 말더듬이 유전될 수 있다. 목소리를 만드는 입과 혀, 편도, 설소대 등이 가족끼리는 서로 비슷할 수 있고, 기질적으로 급한 성격이라면 말을 더듬을 가능성이 크기 때문이다. 보통 3세 이전 영유아에게 말더듬 증상이 나타난다면 신체 유전적 특징을 원인으로 보는 경우가 많다.

환경적 영향

친구나 동네 어른의 말투를 따라 하다가 자신도 모르게 말을 더듬거리게 되었다고 하는 사람들이 있다. 이때 시작된 말더듬 때문에 주변 사람들에게 "너 왜 말을 그렇게 하냐?"라는 부정적인 이야기를 듣게 된다면 말더듬을 큰 병이라고 인식할 수 있다. 그리고 이러한 인식은 말을 하지 않는 행동으로 연결되어 결국 목소리를 내는 근육을 퇴화하게 만드는 원인이 된다.

언어에 대한 기술적인 부분

목소리는 '발발호(발음, 발성, 호흡)'라는 세 가지 기술로 구성되어 있다. 사람은 자라면서 연령대에 맞춰 언어체계가 잡혀야 하는데, 여러 가지 이유로 이 발발호가 제대로 표현되지 않아도 말더듬이 생긴다. 톤이 너무 높거나, 목소리가 먹어 들어가거나, 귀엽게 보이기 위해 일부러 혀 짧은 소리를 내는 경우다.

심리적인 두려움

"너 왜 말을 더듬니?"라는 부정적인 이야기를 듣게 되어 말에 대한 위축감을 느끼게 된다면 말더듬이 발생할 수도 있다.

실제 말을 더듬는 증상보다 말을 더듬는 상황 자체에 대한 두려움 때문에 말하기가 어렵게 느껴지는 것이다. 말더듬으로 인한 좌절과 당황이 말에 대한 부정적인 인식으로 확대되어 말더듬이 더욱 심해질 수 있다. 또한 불편한 상황이나 강압적인 사람 앞에서는 더욱 긴장하게 되어 말을 더듬게 되기도 한다.

말더듬 족쇄

이는 말더듬에 관한 심리적인 두려움이 최고치에 달한 것으로 '나는 말을 더듬기 때문에 아무것도 할 수 없어.'라고 생각하며 자포자기하는 상황을 가리킨다. '나는 말을 더듬기 때문에 이 일을 할 수 없어.' '말을 더듬기 때문에 사람들이 나를 이상하게 볼 거야.'라며 스스로 말더듬 족쇄를 채워 인생을 소극적으로 살게 된다. 이렇게 심리적인 두려움이 심해진다면 말더듬에서 영영 헤어 나오기가 어려울 수도 있다.

지금까지 말더듬에 대해 알아보았다. 이제 본격적인 트레이닝에 들어갈 차례다. 3부 '7일 말더듬 트레이닝'을 시작해보자.

7일
말더듬 트레이닝

말더듬 트레이닝 1일 차

소리가 아닌
숨에 집중하라

기술이 마음을 바꾸고 마음이 기술을 바꾼다는 사실을 아는가? 말더듬은 말이라는 한 가지 원인으로만 생기는 것이 아니며, 환경이나 심리 등 여러 원인이 복합적으로 작용할 수 있다. 따라서 기술과 마음을 동시에 바꿔야 말더듬을 극복할 수 있다. 이 책은 말더듬 트레이닝을 기술과 마음이라는 두 가지 관점으로 제시한다. 말더듬을 치료하려면 정확한 보이스 트레이닝 기술과 긍정적인 자기 대화 이 두 가지가 필요하다. 말더듬 족쇄에서 벗어나 자유롭게 말해보자.

비포 영상
촬영하기

말더듬 연습 첫날에는 어떤 훈련을 먼저 해야 할까? 가장 먼저 '숨'을 연습해야 한다. 말더듬의 99%는 숨이 입 밖으로 나오지 않기 때문에 발생한다. 따라서 숨이 먼저 열려야 한다. 숨이 열리면 소리도 자연스럽게 열린다.

숨을 본격적으로 훈련하기 전에 지금의 목소리를 녹음하거나 녹화해보자. 지금 가지고 있는 목소리를 직시하고 객관적으로 진단해야 원포인트 레슨을 하나하나 성취할 수 있다. 만약 녹음이나 녹화가 부담스럽다면 그냥 소리 내 읽어보자. 하지만 내 목소리가 얼마나 달라지고 있는지 트레이닝 중간중간 확인하기 위해서라도 연습 전의 목소리를 기록해두는 것이 좋다. 연습을 거듭할수록 나아지는 목소리를 듣는 것만큼 행복한 일은 없다. 이 녹음 파일은 지우지 말고 꼭 간직해두고 보이스 트레이닝이 끝나고 나서 다시 들으며 연습 전후를 비교해보면 좋다.

　다음 두 훈련 예문을 소리 내어 읽어보자.

🔊 훈련 예문
〈비포 영상 촬영하기 1〉

소중한 타인을 바라보는 것처럼 나 자신을 바라보자.

지금 있는 그대로의 자기 자신을 인정하고 자기 자신에게 따뜻함을 제공하자.

스스로를 비난한다고 해서 달라지는 것은 아무것도 없다.

지금 나 자신을 움직일 수 있는 것은 나뿐이다. 나는 할 수 있다. 아자아자 파이팅!

 **말더듬 체크 리스트**

❶ 예문을 읽을 때 말막힘이 몇 번 있었는지 세어보자. (회)

❷ 말이 막히거나 발음이 안 되었던 단어를 원고에 표시해보자.

❸ 호흡이 밖으로 나왔는지 안으로 먹어 들어갔는지 살펴보자.

❹ 말의 스피드는 적정했는지 들어보자.

❺ 단어가 서로 엉키지 않게끔 리듬을 넣어 말했는지 들어보자.

올 초 불거진 라돈침대 사태 이후 우리 집 침대는 괜찮은 건지 불안해하시는 분들이 아직도 적지 않습니다. 그런데 이번엔 천연재료로만 만들었다는 일부 흙침대에서도 기준치 이상의 라돈이 검출되는 것으로 확인됐습니다. 생산 초기단계부터 보다 철저한 안전성 검사가 있어야 되겠습니다.

KBS뉴스 「'안전하다고 했는데'…흙침대에서도 라돈이?」

❶ 예문을 읽을 때 말막힘이 몇 번 있었는지 세어보자. (회)

❷ 말이 막히거나 발음이 안 되었던 단어를 원고에 표시해보자.

❸ 호흡이 밖으로 나왔는지 안으로 먹어 들어갔는지 살펴보자.

❹ 말의 스피드는 적정했는지 들어보자.

❺ 단어가 서로 엉키지 않게끔 리듬을 넣어 말했는지 들어보자.

··

녹음한 자신의 목소리를 들어보자. 목소리를 낼 때는 잘 들리지 않았던 특징들이 청자가 되어 들었을 때는 더 자세하고 객관적으로 들릴 것이다. 말하면서 듣는 자신의 목소리보다 청자가 되어 듣는 목소리가 진짜 내 목소리다. 말하면서 자신의 목소리를 들을 때는 몸통의 울림으로 목소리를 느끼므로 실제보다 부풀려진 소리를 듣게 되기 때문이다. 남들이 듣는 내 목소리는 상대적으로 울림이 작다.

독백 같은 자기대화를 할 때도 목소리는 중요하지만, 우리는 주로 타인과 대화하거나 발표할 때 목소리를 사용하기 때문에 타인이 듣는 내 목소리가 어떤지 살펴보는 것이 더욱 중요하다.

호흡의
네 가지 종류

호흡은 크게 네 가지 종류로 나눌 수 있다.

첫째, 쇄골호흡이다. 일반적으로 말할 때는 쇄골을 사용하지 않는다. 쇄골호흡은 죽기 직전이나 아주 숨이 가쁠 때만 하는 호흡으로, 아주 약한 호흡의 종류다.

둘째, 흉식호흡이다. 가슴 흉(胸) 자를 쓰며, 가슴으로 하는 호흡을 말한다. 배를 쏙 집어넣으면 가슴이 나오는데 이것이 흉식호흡의 기본 자세다. 숨을 들이마시고 내뱉을 때 배는 들어가고 가슴은 앞으로 나오는 호흡이다.

셋째, 복식호흡이다. 배 복(服) 자를 사용한다. 즉 배를 이용한 호흡을 뜻하며, 갈비뼈 아래부터 배꼽까지 폐를 늘려 숨을 담는 방식이다. 이 부분을 복식호흡 존(zone)이라고 이야기한다. 쉽게 말해 배 부분에 풍선이 들어 있다고 생각해보자. 숨을 들이마시면 풍선은 부풀어 오르게 되고 배 역시 나오게 된다. 다시 숨을 '후~' 하고 내쉬면 풍선에 들어 있는 바람은 빠지게 되고 배 역시 수축하게 된다.

넷째, 단전호흡이다. 단전은 배꼽과 생식기의 가운데를 가리킨다. 아랫배라고 생각해도 좋다. 단전은 고난도 호흡법으로, 주로 명상이나 요가를 할 때 사용한다. 우리말을 할 때는 복식호흡으로도 충분하다.

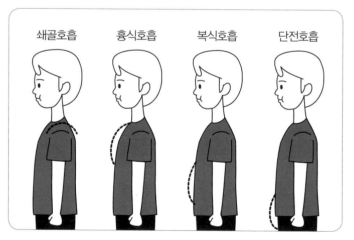

〈호흡의 종류〉

복식호흡
이해하기

말을 더듬는 사람들은 '소리'를 내려고 한다. 그러다 보니 입에 힘을 주게 되고 턱은 긴장한 상태가 된다. 그러나 절대 소리를 낸다고 생각하면 안 된다. 소리가 아닌 '숨'을 내보낸다고 생각해야 한다. 말더듬은 숨이 엉켜서 생기기 때문에 숨이 서로 엉키지 않게 자연스럽게 앞으로 밀어내줘야 한다. 목소리에서 숨소리가 "하~" 하고 들릴 정도로 숨을 많이 내보내야 한다. 소리가 아닌 숨에 집중하는 것이 바로 말더듬을 교정하는 첫 단계다. 숨을 뱉을 때는 평소 호흡하며 뱉는 것의 3배 정도 더 내보낸다고 생각해야 한다. 물론 숨을 많이 들이마셔야 많이 내보낼 수 있다.

이렇게 숨을 많이 들이마시고 내보내려면 해야 하는 호흡이 있다. 말더듬 교정의 가장 첫 번째 기술, 바로 숨을 배 아래부터 채우는 복식호흡이다. 간혹 복식호흡을 어렵게 생각하는 사람들이 있는데, 사실은 전혀 어렵지 않다. 인간은 원래 복식호흡을 하는 동물이기 때문이다. 인간은 무언가를 의식하지 않는 편안한 상태가 되면 자연스럽게 숨을 깊이 들이마시고 내뱉는 복식호흡을 한다. 하지만 마음이 불편하거나 주변을 의식하고 긴장하는 순간 숨이 위로 올라가 흉식호흡을 하게 되는 것이다.

우리 몸 안에 들어간 공기는 숨이 되어 폐에 담긴다. 폐는 양쪽 갈비뼈로 보호받고 있으며, 폐에 숨이 가득 차 아랫배까지 길게 확장되는 것을 바로 복식호흡이라고 한다. 맨 아래 갈비뼈에서 배꼽까지, 즉 배 아랫부분에 숨을 담는 것이다.

말을 더듬는 사람들은 호흡을 가슴에만 담는다. 숨을 짧게 들이마시기 때문에 가슴에만 얕게 숨이 담기는 것이다. 이렇게 되면 호흡은 안정감 없는 얇은 톤으로 위에 둥둥 떠 있게 된다. 말을 하며 긴장하면 호흡이 아래에 담기지 않는 이유다. 호흡이 떠 있다면 목소리의 톤은 올라가게 되고 호흡도 짧아져 좋은 목소리를 낼 수 없다. 호흡은 말의 체력이자 그릇이다. 그릇

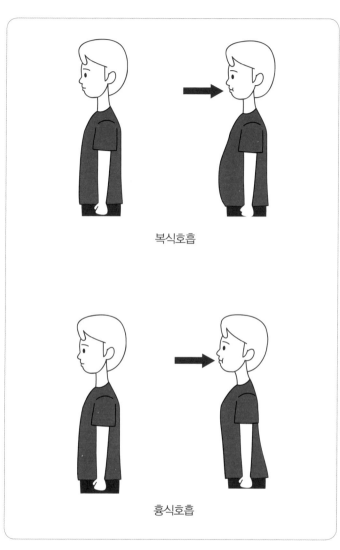

복식호흡

흉식호흡

〈복식호흡과 흉식호흡의 차이〉

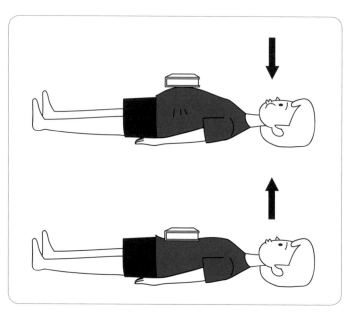

〈누워서 하는 복식호흡〉

이 커야 더듬지 않고 오랫동안 말할 수 있다. 호흡을 연습하는 방법은 딱 하나, 숨을 많이 들이마시고 많이 내뱉는 것이다.

이때 숨을 많이 들이마시는 것도 중요하지만 숨을 오랫동안 길게 뱉는 게 더 중요하다. 말은 들숨이 아니라 날숨에 하는 것이기 때문에 숨을 많이 오랫동안 내뱉을 수 있다면 소리도 그만큼 안정적으로 낼 수 있다. 길게 숨을 들이마시고 내뱉는 것이 중요하다.

호흡 연습 시에는 폐가 늘어나고 있다는 증거로 금방 숨이 차는데, 이에 개의치 말고 폐를 쫙쫙 길게 늘려 호흡을 가득 채우고 뱉어야 말더듬을 극복할 수 있다. 폐에 숨을 채우면 배는 풍선처럼 부풀어 올라야 한다. 그리고 폐에서 숨이 나가면 배는 수축되어야 한다. 반대로 해서는 절대 안 된다. 기억하자. 풍선에 바람이 들어가고 빠지는 것과 똑같다.

복식호흡
연습법

복식호흡에 대해 이해했다면 이제 실제로 연습해보자. 먼저 손을 마지막 갈비뼈부터 배꼽 사이에 가져다 댄다. 우리가 들이마시는 숨은 폐에 담긴다. 폐는 숨이 들어가게 되면 아래로 확장되는데 숨을 깊게 많이 들이마실수록 더 아래로 늘어난다. 복식호흡은 배로 하는 호흡이 아니라 폐를 아랫배까지 늘리는, 즉 숨을 아랫배에 채우는 호흡임을 잊지 말자.

🔊 훈련 방법

❶ 숨을 5초간 배까지 깊게 들이마신 다음, 다시 5초간 내쉰다. 이때 배에 숨이 들어오는 것과 나가는 것을 천천히 느껴본다.

❷ 호흡은 가슴이 아닌 아랫배부터 채워져야 한다. 먼저 배부터 채우고 그다음 가슴을 채우도록 해보자.

❸ 배까지 숨을 채운 다음, 숨이 다 나갈 때까지 낮은 톤으로 "아~" 하고 소리를 내보자.

❹ 다시 한번 숨을 들이마시고 조금 전보다 더 길게 "아~" 하고 소리를 내보자. 소리가 아니라 숨을 내뱉어야 한다. 아주 풍성하게 숨을 밀어내보자. 이때 숨이 어디에 담기는지, 소리를 낼 때는 근육의 어느 부분이 움직이는지 관찰해보자. 숨이 들어가면 풍선에 바람이 들어가듯 배가 빵빵해져야 하고, 숨이 나가면 풍선에 바람이 빠지듯 배가 수축되어야 한다.

훈련 예문

〈복식호흡 연습하기〉

아~~~~~~~~~~~ (10초)

음~~~~~~~~~~~ (20초)

와~~~~~~~~~~~ (20초)

오~~~~~~~~~~~ (20초)

우~~~~~~~~~~~ (20초)

복식호흡을 연습할 때 반드시 코로 숨을 들이마시고 입으로 내뱉지 않아도 된다. 이러한 호흡은 명상할 때나 가능하다. 말할 때는 자연스럽게 입으로 숨을 들이마시게 된다. 입과 코 중 편한 방법으로 숨을 들이마셔도 되니 굳이 억지로 입을 다물고 코로 숨을 쉬려고 할 필요가 없다.

배짜기
훈련

　복식호흡은 아랫배까지 숨을 들이마시고 내뱉는 것을 말한다. 그런데 이게 말더듬과 무슨 관련이 있을까? 복식호흡을 연습하는 궁극적인 목표는 말을 더듬지 않도록 복식호흡을 활용하는 것이다. 단순히 호흡만 연습하는 게 아니라 복식호흡으로 말하는 방법을 익혀야 한다. 복식호흡으로 말하는 방법은 딱 하나다. 예전에 서바이벌 오디션 프로그램인 'K팝스타'에서 가수 박진영이 노래를 부를 때는 '공기 반 소리 반'이 중요하다는 말을 했다. 언뜻 들으면 말도 안 되는 것 같지만 이것이야말로 안정적으로 말하기 위한 키포인트다.

　말은 들숨이 아닌 날숨에만 할 수 있다. 따라서 복식호흡으로 말하기 위해서는 먼저 숨을 아랫배까지 안정적으로 깊게 채운(들숨) 다음, 배에 있는 호흡을 빼면서(날숨) 소리를 내면 된다. 폐 안에 있던 숨이 나가면 배는 수축된다. 한편 소리가 나가면 숨도 함께 나간다. 즉 소리를 내면 배는 등 쪽으로 수축된다는 뜻이다. 배와 등이 붙는다는 느낌으로 연습한다.

이를 이용해서 배근육을 수축시켜 폐에 가득 찬 숨을 한꺼번에 입으로 밀어낼 수 있다면, 복부의 압력이 올라가면서 성압도 올라가 시원한 소리를 낼 수 있다. 배를 한 번에 확 수축

〈배에 숨을 가득 채운 다음 숨을 끌어 올려 말하는 모습〉

시킬수록 성압이 더 올라가 크고 또렷한 소리를 낼 수 있다. 이것이 바로 복식호흡을 이용해 말하는 방법이다. 이때 숨을 한꺼번에 짜서 성압을 높여주는 역할을 하는 것이 바로 배근육이다.

숨을 한꺼번에 짜낼 수 있도록 해주는 배근육은 정말 중요하다. 소리를 조절하는 능력은 배근육에 달려 있다. 그렇기에 말더듬 트레이닝 시 배근육 훈련을 가장 먼저 하는데, 배근육이 만들어지지 않으면 다음 진도로 나갈 수 없다. 하지만 크게 걱정하지 않아도 된다. 우리 몸은 생각보다 쉽게 근육이 생기기에 하루에 10분만 배근육 훈련을 해도 소리 내기가 훨씬 편해진다. 배근육을 만들면 소리의 중심은 자연스럽게 입과 목이 아닌 배로 내려가게 된다. 이렇게 배근육을 사용해 소리를 내는 훈련 방법이 바로 '배짜기'다. 배를 짜면서 소리를 낸다고 생각하자. 폐에 숨을 채운 다음 배와 등이 붙는다는 느낌으로 배근육으로 숨을 강하게 수축한다. 숨을 채운 다음 배를 잡아당겨 소리를 내는 것이다.

훈련 예문

〈가가겨거 배짜기〉

가 갸 거 겨 고 교 구 규 그 기

나 냐 너 녀 노 뇨 누 뉴 느 니

다 댜 더 뎌 도 됴 두 듀 드 디

라 랴 러 려 로 료 루 류 르 리

마 먀 머 며 모 묘 무 뮤 므 미

바 뱌 버 벼 보 뵤 부 뷰 브 비

사 샤 서 셔 소 쇼 수 슈 스 시

아 야 어 여 오 요 우 유 으 이

자 쟈 저 져 조 죠 주 쥬 즈 지

차 챠 처 쳐 초 쵸 추 츄 츠 치

카 캬 커 켜 코 쿄 쿠 큐 크 키

타 탸 터 텨 토 툐 투 튜 트 티

파 퍄 퍼 펴 포 표 푸 퓨 프 피

하 햐 허 혀 호 효 후 휴 흐 히

❶ 아랫배까지 숨을 담고 "가아~" 하고 외치며 배를 잡아 당긴다.

❷ 다시 아랫배까지 숨을 담고 "갸아~" 하고 소리 낸다. 이때 "갸야~"보다는 "갸아~"라고 자연스럽게 소리 내자. '겨'도 마찬가지로 "겨여~"가 아니라 "겨어~"라고 편하게 소리 낸다. 이때 소리를 밖으로 멀리 보내주는 것에 집중한다. 마치 산 정상에 다다랐을 때 "야호~" 하며 외치는 것처럼 말이다. 숨이 멀리 나가지 않으면 훈련 효과를 보기 힘들다.

❸ 한 음절씩 배를 짜주며 '가'부터 '히'까지 반복해보자.

허리 숙여
배짜기 훈련

그다음은 일어서서 다리를 어깨너비로 벌린 다음 허리를 숙인 상태에서 하는 배짜기 훈련이다. 허리를 숙이면 배가 기역(ㄱ) 자로 구부러져 배근육을 움직이며 말하기가 훨씬 편해진다. 숨을 아랫배까지 들이마신 후 배를 등 쪽으로 수축시키며 "가아~"라고 소리 내보자.

이 과정에서 소리를 낼 때 반대로 배가 나오는 사람들이 있다. 흉식호흡을 하기 때문이다. 소리를 낼 때 배가 팽창되면 안 되고 수축되어야 한다. 숨을 채워 배가 빵빵해진 뒤 배를 등까지 잡아당기며 소리 내야 한다는 것을 반드시 기억하자.

허리 숙여 배짜기는 정말 중요하다. 말더듬을 극복하고자 하는 사람에게 가장 필요한 훈련으로, 매일매일 반복해 연습해야 한다. 앞에서 배짜기 연습 때 사용했던 '가-히' 표를 허리 숙인 상태에서 다시 연습해보자. 연습할 때 배의 양쪽 근육에 골고루 자극을 줄 수 있도록 신경 쓰자. 연습하고 나서 배 양쪽 근육이 아프지 않다면 제대로 따라 하지 않은 것이다.

〈허리 숙여 가갸거겨 배짜기〉

가 갸 거 겨 고 교 구 규 그 기

나 냐 너 녀 노 뇨 누 뉴 느 니

다 댜 더 뎌 도 됴 두 듀 드 디

라 랴 러 려 로 료 루 류 르 리

마 먀 머 며 모 묘 무 뮤 므 미

바 뱌 버 벼 보 뵤 부 뷰 브 비

사 샤 서 셔 소 쇼 수 슈 스 시

아 야 어 여 오 요 우 유 으 이

자 쟈 저 져 조 죠 주 쥬 즈 지

차 챠 처 쳐 초 쵸 추 츄 츠 치

카 캬 커 켜 코 쿄 쿠 큐 크 키

타 탸 터 텨 토 툐 투 튜 트 티

파 퍄 퍼 펴 포 표 푸 퓨 프 피

하 햐 허 혀 호 효 후 휴 흐 히

❶ 선 채로 다리를 어깨너비로 벌린다.

❷ 허리를 숙여 몸을 기역(ㄱ) 자 모양으로 만든다.

❸ 코가 아닌 입으로 숨을 깊게 들이마신다.

❹ 들숨에 배가 볼록해지면 배를 잡아당기면서 "가아~~" 라고 소리 내며 숨을 뱉어준다. 숨을 뱉으며 배가 수 축되어야 한다. 배를 깊게 누를수록 소리도 더욱 깊어 진다.

❺ 다시 숨을 들이마시고 "갸아~"라고 소리 내며 숨을 뱉 어준다.

❻ 배가 팽창하고 수축하는 것을 신경 쓰며 '가'부터 '히' 까지 반복 연습한다. 중간에 허리가 아프면 일어나 조 금 쉬었다 반복한다.

처음에는 배근육이 없기 때문에 배로 소리를 내기 힘들 것 이다. 그래도 배와 등이 붙는다는 느낌으로 계속 배근육을 누 르며 소리를 내보자. 예문에 있는 QR코드를 통해 시연 동영상 을 보고 자신의 소리와 비교해보자.

소리를 작게 내면 숨이 열리지 않고 배근육도 눌러지지 않는다. 따라서 소리를 가급적 크게 내도록 하자. 배를 깊게 눌러줄수록 소리도 깊게 나오므로 힘이 들더라도 계속 깊게 눌러주려고 노력해야 한다.

왜 코가 아닌 입으로 숨을 들이마시는 건지 궁금해하는 사람도 있을 것이다. 사람은 말할 때 자연스럽게 입으로 숨을 들이마신다. 코로 숨을 들이마시려면 입을 다물어야 하는데 말하고 있는 도중에는 입을 다물 수가 없기 때문이다. 가만히 앉아 호흡을 가다듬는 명상을 할 때나 코로 숨 쉬는 것이다. 말할 때의 복식호흡은 입으로 들이쉬고 내쉬어야 한다.

여기까지 1일 차 교육이 끝났다. 말더듬 극복에서 중요한 복식호흡과 배짜기를 배웠다. '알려주는 대로 했는데 왜 안 되지?'라는 생각이 든다면 그건 욕심이다. 그동안 우리를 끈질기게 괴롭혔던 말더듬이 하루의 교육으로 달라지겠는가? 이제부터 반복해서 연습하면 된다. 7일 트레이닝 과정을 4번만 반복해보자. 지금은 안 되는 말하기가 어느 순간 자연스럽게 될 것이다.

말더듬 트레이닝 체크 리스트

순서	트레이닝	O	시간
1	비포 영상 촬영하기		
2	복식호흡 연습법		
3	배짜기 훈련		
4	허리 숙여 배짜기 훈련		

🕐 총 연습시간

☑ 특이사항

앞으로의 다짐

트레이닝을 하며 느낀 목소리의 변화를 생각해보고,
앞으로 보완할 점을 적어보세요.

YES

말더듬 트레이닝 2일 차

입안의
아치를 넓혀라

복식호흡을 연습했다면 그다음은 입안의 아치를 넓히는 훈련이다. 쉽게 말해 입안을 크게 벌려 말하는 것이다. 입안은 동굴 역할을 한다. 1의 호흡을 뱉을 때 3의 소리를 만들어주기도 한다. 즉 호흡을 얕게 뱉어도 입안을 열어 아치를 높고 넓게 만들어주면 소리는 커지고 명확해진다.

그런데 말을 더듬는 사람들은 대부분 입을 닫고 말하는 습관이 있다. 입에 힘을 준 채 소리를 내던 습관 때문에 입안을 벌리고 말하려면 용기가 나지 않을 것이다. 이때 발음교정기인 바르미를 이용해 자연스럽게 입안을 늘려 줄 수 있다. 바르미 대신 일회용 나무젓가락을 이용해도 된다.

입안의
아치 넓히기

발성은 소리의 크기를 말하는데, 특히 좋은 발성을 '공명(共鳴)'이라고 부른다. 공명의 울림소리를 만들기 위해서는 기본적으로 입안의 아치를 넓히는 것이 중요하다.

입안의 아치란 입을 벌렸을 때 목젖이 달린 부분을 말한다. 거울로 입안을 보면 둥근 아치 모양으로 목젖이 달려 있는 걸 확인할 수 있다. 입안은 소리의 크기, 즉 발성을 크게 만들어주기에 가장 좋은 공간이다. 작은 동굴보다 큰 동굴에서의 울림소리가 크듯 입안을 벌려주면 작은 소리도 크게 만들어주는 효과가 있다. 따라서 입안의 아치를 넓혀 입안을 큰 동굴로 만들어줘야 한다.

〈큰 동굴(좌), 작은 동굴(우)에서 말하기〉

아치를 넓히려면 먼저 아치 아래에 있는 혀뿌리가 내려가야 한다. 입을 크게 벌리면 혀뿌리가 내려가며 아치는 올라가고 입안의 공간은 넓어진다.

🔊 훈련 방법

❶ 거울을 앞에 두고 입안을 벌려 "아~"라고 소리 내본다. 만약 이때 목젖이 보이지 않는다면 톤이 너무 높은 것이다.

❷ 편안한 저음으로 "아~"라고 소리를 내면 혀가 아래로 내려가며 입안의 아치가 보인다.

❸ 입을 양쪽으로 더 벌린 다음 "아~"라고 다시 한번 말해 보자. 그럼 아치가 전보다 훨씬 넓고 높아질 것이다.

❹ 그다음 입 모양을 더 크게 벌려 "아~"라고 말하며 입안의 공간이 좀 더 넓어졌음을 느껴보자.

가갸거겨
아치 넓히기

1일 차에서 연습했던 배짜기와 아치 넓히기를 동시에 트레이닝해보자. 입안을 크게 벌려 소리를 낼 때는 숨을 코가 아닌 턱에 담아 내보낸다는 느낌이 중요하다. 턱에 숨을 담아 밀어낸다고 생각하면 쉽다. 다만 이때 소리가 아닌 숨에 집중한다. 소리를 낸다고 생각하지 말고 숨, 즉 호흡을 멀리 쏟다는 느낌이 들게 연습해야 한다. 어차피 '가갸거겨' 등의 발음은 숨이 채워지면 정확해진다. 현재 단계에서는 발음이나 발성에 크게 신경 쓰지 말고, 우선 호흡을 앞으로 밀고 나가는 데 집중하자.

🔊 훈련 예문

〈가갸거겨 아치 넓히기〉

가 갸 거 겨 고 교 구 규 그 기

나 냐 너 녀 노 뇨 누 뉴 느 니

다 댜 더 뎌 도 됴 두 듀 드 디

라 랴 러 려 로 료 루 류 르 리

마 먀 머 며 모 묘 무 뮤 므 미

바 뱌 버 벼 보 뵤 부 뷰 브 비

사 샤 서 셔 소 쇼 수 슈 스 시

아 야 어 여 오 요 우 유 으 이

자 쟈 저 져 조 죠 주 쥬 즈 지

차 챠 처 쳐 초 쵸 추 츄 츠 치

카 캬 커 켜 코 쿄 쿠 큐 크 키

타 탸 터 텨 토 툐 투 튜 트 티

파 퍄 퍼 펴 포 표 푸 퓨 프 피

하 햐 허 혀 호 효 후 휴 흐 히

❶ 가갸거겨 표를 놓고 숨을 들이마신 다음 배를 잡아당기며 "가아~" 하고 소리를 낸다.

❷ 입안의 목젖이 보일 정도로 입의 밖과 안을 크게 벌려준다.

❸ 다시 숨을 들이마신 다음 배를 잡아당기며 "갸아~" 하고 소리를 낸다.

❹ '가'부터 '히'까지 길게 소리를 내보자. 배근육은 잡아당겨지고 입안은 벌어지는 느낌이 들어야 한다. "가아~" "갸아~" "거어~" "겨어~" "고오~" "교오~" 이렇게 외쳐보자.

　'가'부터 '히'까지 길게 소리 내보자. 거울로 봤을 때 입안의 아치가 충분히 보일 수 있도록 가급적 혀뿌리를 내리고 발음해줘야 한다. 혀도 근육으로 되어 있기 때문에 혀를 내리려고 해도 그 근육이 발달되어 있지 않으면 한 번에 내려가지 않는다. 만약 혀뿌리가 내려가지 않는다면 톤을 좀 더 낮춘다. 그리고 턱을 아래로 내려서 입안에 공간을 만들어준다. 어색하더라도 혀가 내려갈 수 있는 공간을 만들어준 상태에서 입안을

〈혀가 내려간 모습(좌), 혀가 뜬 모습(우)〉

크게 벌려서 말해야 소리가 중간에 꼬이지 않는다.

　말을 더듬는 사람들은 입안을 벌리지 않고 입에 힘을 주며 소리 내는 것에 익숙해져 있다. 그러나 입에 힘을 줘서 소리를 만드는 것이 아니라, 배에 힘을 주고 그때 올라온 호흡이 입안을 진동하며 가볍게 소리 나오도록 한다. 소리는 입으로 내는 것이 아니라 배로 밀어낸다는 것을 기억하자.

　그럼 이렇게 입안을 벌리고 소리를 밀어내기 위해 가장 필요한 것은 무엇일까? 바로 '배근육'이다. 배근육이 들숨과 날숨에 따라 자유롭게 팽창하고 수축한다면 굳이 입에 힘을 주지 않아도 소리가 힘 있게 나온다. 배근육 없이 입안의 아치를 넓히며 말할 수는 없다. 그래서 배근육 훈련이 중요한 것이다.

크래시아
아치 넓히기

크래시아 발음법은 연극을 하는 사람들이 주로 하는 발음 연습법으로, 헬라어로 구성되었다. 평소 잘 발음하지 않는 단어이기에 입근육을 움직이는 데 유용하고, 발음과 발성 연습에 효과적이다. 그러나 모음과 자음에 대해 배우지 않는 단계에서는 연습할 때 발음에 신경 쓰지 말고 숨을 앞으로 내뱉는 데 집중한다. 크래시아 발음법을 통해 입안을 크게 벌려 아치를 넓히고 입 주변의 입근육들을 하나씩 깨워보자.

〈크래시아 발음 연습법〉

로얄 막파 싸리톨	쥬피탈 캄파 큐을와
셀레우 아파쿠사	푸랜 마네푸 슈멘헤워제
깅강후리와 디다스코	바시레이아 게겐네타이
페레스테란 포로소 폰	파라클레세오스 쏘테라이스
카타루사이 마카리오스	에코루데산 디카이오수넨
플레로사이 아프스톨론	우라이노스 아휘엔타이

🌀 훈련 방법

훈련 예문을 소리 내 읽어본다. 이때 손거울을 앞에 들고 입을 제대로 크게 벌리고 있는지 확인해주자. 방에서 혼자 연습할 때는 남의 시선을 신경 쓰지 않아도 되니 입 주변 근육이 시원해질 정도로 크게 벌려준다. 단어를 한 음절씩 끊어 "로""얄" 이렇게 하나씩 발음하며 연습하는 것도 좋고, "로오~""야알~""마악~" 이렇게 두 음절씩 소리 내 발음해도 좋다.

왜 단어를 "로얄" "막파" "싸리톨" 이렇게 정확하게 발음하며 연습하지 않고 억지로 끊거나 길게 늘려 말하는지 궁금해할 수 있다. 왜냐하면 지금은 발음이 아니라 숨을 연습하는 과정이기 때문이다. 처음부터 발음을 연습하다 보면 숨은 멈춰지거나 입안에 맴돈다. 숨을 밖으로 밀어내는 것이 가장 중요하기에 음을 길게 늘리는 훈련을 하는 것이다.

"로오~" "야알~" "마악~" 이렇게 하나의 음절을 두 음절로 나누어 발음을 연습할 때 주의해야 할 점이 하나 있다. 소리를 끊어서 발음하는 것보다, "로오~" 이렇게 늘려서 입근육이 자연스럽게 '로'에서 '오'로 변할 수 있도록 이어주는 것이 좋다. 그래야 입근육을 훨씬 더 많이 움직일 수 있기 때문이다. 단어를 하나씩 정성껏 소리 내보자. 그럼 입 주변이 한결 시원해지고 유연해진 느낌을 받을 수 있다.

바르미
연습법

오랫동안 입안을 닫고 말하던 사람들은 입안이 쉽사리 열리지 않을 것이다. 이럴 때는 '바르미'를 사용해보자. 바르미는 발음교정기로 발음과 호흡 연습의 효과를 올려주기 위해서 만들어진 제품이다. 만약 바르미가 없다면 일회용 나무젓가락을 사용해도 된다.

예전부터 착용감이 편한 발음교정기가 있었으면 좋겠다고 생각해왔다. 시장에 나온 기존 제품들은 너무 두껍고 모양도 훈련에 맞지 않았다. 그래서 금형업체에 의뢰해 직접 발음교정기를 만들기로 했다. 특허청에 디자인을 등록한 뒤 인체에 무해한 실리콘 재질로 바르미를 만들었다. 입에 끼기에 적당

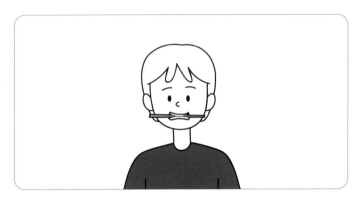

〈젓가락 끼고 하는 발음 연습법〉

한 두께와 삼각형의 틀로 안정감을 주고, 바르미 스틱 중간에 숨이 나갈 수 있도록 공간을 만들어주었다. 결과는 대만족이었다. 사람들은 바르미 덕분에 크게 변화해갔다.

바르미의 효과는 다음과 같다.

❶ 바르미는 입안을 넓혀준다.

바르미를 양쪽 송곳니 위치에 가로로 껴주면 평상시 말할 때보다 입안이 넓어진다.

❷ 바르미는 혀뿌리를 낮춰준다.

바르미 아래로 혀가 내려가기 때문에 혀뿌리가 뜨는 것을 미연에 방지할 수 있다. 발음을 하려면 혀가 입안 곳곳에 닿아야 하는데 어떻게 혀를 내리나 궁금할 것이다. 바르미를 끼고 연습할 때는 무조건 발음보다 숨을 앞으로 밀어내는 데 집중해야 한다. 정확히 발음하려고 혀를 곳곳에 대기보다 무조건 혀뿌리와 혀꼬리를 내려서 가급적 숨이 나오게 해주자. 향후 트레이닝을 통해 숨이 열리고 나서는 발음을 위해 바르미 위로 혀를 뜨게 해도 무방하다.

❸ 바르미는 숨의 길을 열어준다.

바르미를 껴 입안이 열리면 목젖을 통과한 소리가 바로 입으로 나오기 때문에 더 좋은 소리를 얻을 수 있다.

❹ 바르미는 입에 힘을 빼준다.

배근육의 힘이 없는 사람들은 말할 때 입에 힘을 주는 경향이 있다. 바르미를 끼면 스틱을 무느라 발음할 때 입에 힘을 줄 수 없다. 그러면 소리를 내기 위한 힘이 자연스럽게 배로 이동한다. 즉 더욱 편하게 배근육을 움직일 수 있다.

다음 페이지의 훈련 예문을 한 단어씩 발음해보자. 단 바르미를 끼고 허리 숙인 상태에서 배를 짜며 연습한다.

〈바르미 끼고 단어 읽기〉

한 달/ 가량의/ 긴 시간 동안/ 폭염과/ 싸우고/ 있습니다./ 좀처럼/ 무더위가/ 사라질/ 기미를/ 보이지/ 않고/ 있습니다./ 오늘도/ 서울과/ 춘천의/ 한낮/ 기온이/ 36도,/ 청주와/ 전주/ 37도,/ 대구/ 38도까지/ 오르겠습니다./ 대기/불안정에/ 의해/ 강원/ 영서/ 남부와/ 충북/ 북부,/ 경북/ 북부/ 내륙에는/ 오후에/ 천둥/번개를/ 동반한/ 소나기가/ 오는 곳이/ 있겠습니다./

KBS뉴스 「대구 38도·서울 36도 폭염…내륙 한때 소나기」

🎚 훈련 방법

❶ 바르미나 나무젓가락을 송곳니 사이에 끼운다.

❷ 배에 숨을 채운다. (배 팽창)

❸ "한 달~~" 하면서 소리를 밀어낸다. (배 수축)

❹ 배에 다시 숨을 채운다. (배 팽창)

❺ "가량에~~" 하면서 소리를 밀어낸다. (배 수축)

이를 반복한다.

❶ 예문을 읽을 때 말막힘이 몇 번 있었는지 세어보자. (회)

❷ 말이 막히거나 발음이 안 되었던 단어를 원고에 표시해보자.

❸ 호흡이 밖으로 나왔는지 안으로 먹어 들어갔는지 살펴보자.

❹ 말의 스피드는 적정했는지 들어보자.

❺ 단어가 서로 엉키지 않게끔 리듬을 넣어 말했는지 들어보자.

···

다음의 훈련 예문은 한 단어가 아닌 한 문장씩 끊어 읽어보자. 바르미를 끼고 숨을 앞으로 밀어내며 말한다.

🔊 훈련 예문
〈바르미 끼고 문장 읽기〉

인생은 시간이다./ 인생은 시간 활용을 어떻게 하는가에 달려 있다./ 시간 사용에는 최적화가 필요하다./ 너무 한 곳에 시간을 쓰는 것보다는/ 상황에 맞게 몸과 정신에/ 적절한 안배를 하는 게 핵심이다./ 여러분은 시간을 어디에 많이 쓰는가?/ 대부분 현대인은/ 머리 쓰는 일에 대부분의 시간을 할애한다./ 몸 쓰는 일에는 소홀하다./ 나는 반대가 되어야 한다고 생각한다./ 몸에 우선순위를 두어야 한다./ 몸을 관리하면/ 정신과 마음까지 관리할 수 있기 때문이다./ 일거양득이다./ 반대로 정신적인 부분만 관리하면/ 몸이 서서히 망가진다./ 소설가처럼 글 쓰는 직업을 가진 사람들이/ 대표적이다./ 촉망받던 소설가 후반으로 가면서 필력이 떨어지는 이유는/ 바로 몸이 정신을 못 따라가기 때문이다./

몸이란 무엇일까?/ 몸은 당신이 사는 집이다./ 지식이나 영혼도/ 건강한 몸 안에 있을 때 가치가 있다./ 몸이 아프거나 무너지면/ 별 소용이 없다./ 집이 망가지면 집은 짐이 된다./

『몸이 먼저다』, 한근태 지음, 미래의창

))) 말더듬 체크 리스트

❶ 예문을 읽을 때 말막힘이 몇 번 있었는지 세어보자. (회)

❷ 말이 막히거나 발음이 안 되었던 단어를 원고에 표시해보자.

❸ 호흡이 밖으로 나왔는지 안으로 먹어 들어갔는지 살펴보자.

❹ 말의 스피드는 적정했는지 들어보자.

❺ 단어가 서로 엉키지 않게끔 리듬을 넣어 말했는지 들어보자.

바르미를 낀 상태에서 너무 정확하게 발음하려고 하지 않아도 된다. 숨을 내보내고 밀어내는 느낌을 익히는 게 더 중요하다. 숨을 밖으로 밀어낼수록 말은 더 시원하게 나온다. 숨이 채워지면 발음도 좋아진다. 음에 따라 바르미 위로 혀가 올라갈 수 있으나, 전체적으로 혀가 바닥에 깔린다는 느낌이 들어야 한다. 만약 혀가 자꾸 바르미 위로 올라간다면 말의 톤이 너무 높은 것이니 그때는 안정된 마음을 가지고 톤을 내려보자.

발음에 대한 걱정은 잠시 접어두자. 뒤에서 정확히 발음하는 방법을 배울 것이다. 어차피 호흡이 채워지면 발음은 자연스레 정확해진다. 발음을 정확히 하려다 호흡을 닫아버리면 오히려 교정하기 더욱 힘들다. 입안을 넓혀서 그 울림을 느껴보자. 이때 반드시 배근육으로 숨을 밀어내야 하며, 숨이 크게 앞으로 토해져 나와야 한다. 숨을 입 근처에서 머무르게 해서는 안 된다.

말더듬 트레이닝 체크 리스트

순서	트레이닝	O	시간
1	입안의 아치 넓히기		
2	가갸거겨 아치 넓히기		
3	크래시아 아치 넓히기		
4	바르미 연습법		

🕐 총 연습시간

☑ 특이사항

트레이닝을 하며 느낀 목소리의 변화를 생각해보고,
앞으로 보완할 점을 적어보세요.

YES

말더듬 트레이닝 3일 차

모음과 자음을
정확히 발음하자

이제 말더듬 트레이닝 3일 차다. 연습할 때 숨이 차거나, 배근육을 당길 때 배에 힘이 들어가고 뻐근하고 아픈 느낌이 있다면 잘 따라 하고 있다는 뜻이다.

지금까지 복식호흡과 입안을 넓히는 훈련을 했으니 이제부터 본격적으로 발음을 또렷하게 만드는 훈련을 해보겠다. 물론 말더듬은 발음보다 호흡과 연관이 있지만 발음도 간과해서는 안 된다. 발음에 대한 원리를 알면 말더듬 교정뿐만 아니라 아나운서 뺨치는 좋은 목소리까지 얻을 수 있다.

모음
발음 훈련

　우리말은 모음과 자음으로 구성된다. 특히 모음을 얼마나 정확히 발음하는가는 문장의 발음에 절대적인 영향을 미친다. 입을 크게 해 모음을 정확하게 소리 내는 것만으로도 발음이 한결 깨끗하고 정확해진다. 또한 모음에 따라 입 모양이 변하면 훨씬 또렷하고 생기 있는 표정으로 말할 수 있다.

　모음은 성대에서 생겨난 소리가 공명을 일으키는 발음기관인 입과 코, 목을 거쳐 방해받지 않고 자유롭게 나오는 소리를 뜻한다. 우리말에서 모음은 총 21개이며 단모음 10개, 이중모음 11개로 구성되어 있다. 이중모음은 두 개의 모음이 합쳐져서 이중으로 나는 소리가 아니라, 말할 때 입 모양이나 혀의

- **모음의 정의 :** 성대에서 생겨난 소리가 공명을 일으키는 발음기관(입, 코 목)에서 공기의 흐름에 방해를 받지 않고 자유로이 나오는 말

〈모음의 정의와 종류〉

위치가 달라지는 모음을 뜻한다. 반면에 단모음은 입 모양이나 혀의 위치가 변하지 않는다. 단 'ㅚ, ㅟ'는 이중모음으로 발음될 수도 있다. 아나운서들은 방송 촬영에 들어가기 전 모음만 따로 발음하는 연습을 하기도 한다. 이렇게 연습하면 모음에 따라 입 모양이 바뀌기 때문에 모음 입 모양 스트레칭이 된다.

🔊 훈련 예문
〈모음 따로 발음하기〉

"안녕하세요."라고 말한 다음, 모음만 따로 발음한다.
"ㅏ ㅕ ㅏ ㅔ ㅛ"(입 모양을 스트레칭하듯 크게 벌린다.)

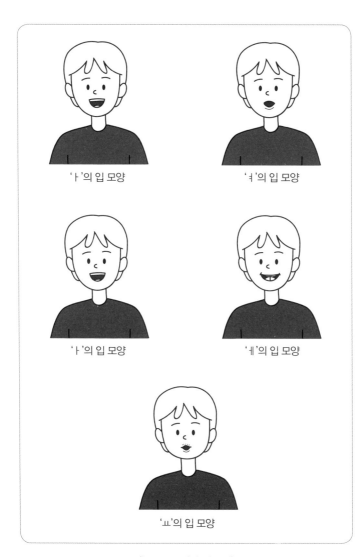

〈'ㅏㅕㅐㅔㅛ'의 입 모양〉

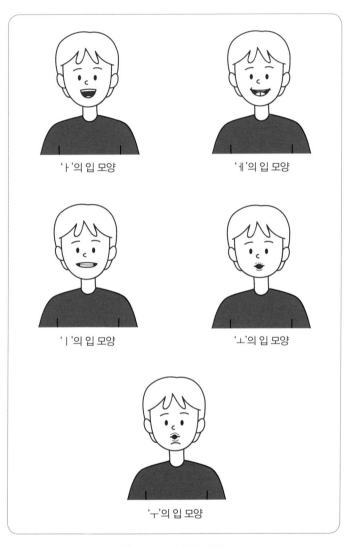

‘ㅏ’의 입 모양

‘ㅔ’의 입 모양

‘ㅣ’의 입 모양

‘ㅗ’의 입 모양

‘ㅜ’의 입 모양

〈‘ㅏㅔㅣㅗㅜ’의 입 모양〉

대표적인 모음들의 입 모양을 연습해보자. 모음만 따로 떼어내서 읽는 것은 생각보다 쉽지 않을 것이다. 입 주변 근육이 시원해질 정도로 입을 크게 벌려야 한다.

'ㅏ'는 양치질할 때 입을 아래위로 크게 벌려주는 모양과 비슷하다. 입안을 크게 벌려주자. 턱을 완전히 아래로 빼서 계란이 세워진 모양으로 입을 벌려야 한다.

'ㅔ'는 입을 가로로 벌려주는 입 모양이다. 가벼운 미소를 지을 때처럼 입꼬리가 위를 향해야 한다. 이때 혀가 입 밖으로 나와서는 안 된다. 그러면 자칫 혀 짧은 소리가 날 수 있다. 입을 벌려준 상태에서 혀는 뜨지 않게 내려준다.

'ㅣ'는 입을 가로로 쭉 찢는 느낌으로, 'ㅔ'를 발음할 때보다 입꼬리에 힘이 더 가해진다.

'ㅗ'는 입을 모아 입술로 원을 그린다고 생각해보자.

'ㅜ'는 오리 입처럼 입술을 앞으로 내민다. 윗니와 아랫니는 벌어져야 한다. 그 상태에서 울림이 있는 '우' 소리를 내보자.

모음은 소리에 따라 혀의 위치와 높이가 정해져 있다. 모음 'ㅏ'와 'ㅓ'를 발음할 때는 혀가 가장 낮으면서도 안쪽에 위치하기 때문에 소리도 충분히 아래 그리고 안쪽에서 나야 한다. 따라서 가장 울림이 좋은 소리라고 할 수 있다. 개인적으로 모

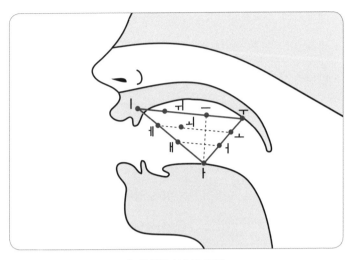

〈모음 발음 시 혀의 위치〉

음 'ㅏ'를 참 좋아한다. 단어에 'ㅏ' 모음이 많을수록 낮고 풍부한 울림소리를 넣을 수 있어 목소리가 참 좋게 느껴지기 때문이다.

반면 'ㅣ'와 'ㅟ' 등의 모음을 발음할 때는 혀가 높으면서도 앞쪽에 위치한다. 그렇다고 해서 마냥 높은 소리를 내서는 안 된다. 모든 소리가 그러하듯 혀의 위치가 높은 모음 역시 차분하고 편안하게 소리를 내줘야 한다.

 훈련 예문

〈모음의 음가 따로 발음하기〉

얼마 전에 제가 책을 읽다가 아주 좋은 말을 발견했는데요. "앎이 머리에 있으면 지식이 되고 가슴에 있으면 지성이 되며, 그것이 사랑으로 발효돼 다른 사람에게 전달되면 지혜가 된다."라는 말이었습니다. 여러분, 우리는 너무나 많은 것을 지식으로만 알고 있는 것은 아닐까요? 머리가 아닌 마음으로, 또 그것을 사람들에게 사랑으로 전할 수 있는 지성과 지혜가 필요한 요즘이 아닐까 싶습니다.

어아 어에 에아 애으 이아아 아우 오으 아으 아여애으에요. "아이 어이에 이으여 이이이 외오 아으에 이으여 이어이 외여, 으어이 아아으오 아요왜 아으 아아에에 어아외여 이예아 외아."아으 아이어으이아. 여어우, 우이으 어우아 아으 어으 이이으오아 아오 이으 어으 아이아요? 어이아 아이 아으으오, 오 으어으 아아으에에 아아으오 어아우 이으 이어와 이예아 이요아 요으이 아이아 이으이아.

❶ 예문을 읽을 때 말막힘이 몇 번 있었는지 세어보자. (회)

❷ 말이 막히거나 발음이 안 되었던 단어를 원고에 표시해보자.

❸ 호흡이 밖으로 나왔는지 안으로 먹어 들어갔는지 살펴보자.

❹ 말의 스피드는 적정했는지 들어보자.

❺ 단어가 서로 엉키지 않게끔 리듬을 넣어 말했는지 들어보자.

　앞에 거울을 놓고 자신이 입을 얼마나 벌리고 말하는지 살펴며 입 모양을 연습해보자. 그럼 입이 훨씬 더 크게 벌어질 것이다. 입을 크게 벌리는 사람들은 입꼬리가 위로 올라가 있는 경우가 많다. 입꼬리에 힘이 들어가지 않고 내려가 있다면 입을 크게 벌려주지 않은 것이다.

　입을 크게 벌려 연습하다 보면 '말하는 데 이렇게까지 입을 크게 벌려줘야 하나?'라는 생각이 들 수 있다. 발음을 훈련할 때 입을 많이 벌리는 연습을 해야 평상시에 조금이라도 크게 벌려서 말할 수 있다. 말더듬 트레이닝의 가장 큰 적은 '어색함'이다. 입꼬리에 상처가 날 정도로 입을 크게 크게 벌려주자.

자음
발음 훈련

자음은 발음기관에 의해 구강 통로가 좁아지거나 완전히 막히는 등의 장애를 받으며 나는 소리를 뜻한다. 소리가 자유롭게 나오는 모음과 달리 자음은 여러 발음기관에 의해 틀이 만들어지는 소리라고 생각하면 된다.

단어를 정확히 발음하기 위해서는 입안을 벌려 모음을 정확하게 발음하는 것도 중요하지만 자음의 음가를 또렷하게 발음하는 것도 매우 중요하다. 우리말의 자음은 총 19개다. 자음은 각자 소리가 나는 위치가 정해져 있다.

'ㅁ, ㅂ, ㅃ, ㅍ'은 양순음(입술소리)이다. 아랫입술과 윗입술이 서로 맞닿으며 나는 소리다.

- **자음의 정의 :** 발음기관에 의해 구강 통로가 좁아지거나 완전히 막히는
   등의 장애를 받으며 나는 말

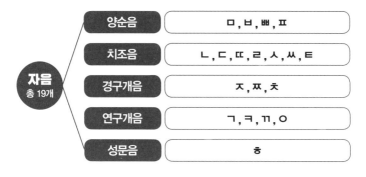

자음 총 19개		
양순음	ㅁ, ㅂ, ㅃ, ㅍ
치조음	ㄴ, ㄷ, ㄸ, ㄹ, ㅅ, ㅆ, ㅌ
경구개음	ㅈ, ㅉ, ㅊ
연구개음	ㄱ, ㅋ, ㄲ, ㅇ
성문음	ㅎ

〈자음의 정의와 종류〉

'ㅎ'은 성문음(목청소리)이다. 'ㅎ'은 성대를 막거나 마찰시
켜서 내는 음으로, 입안이나 혀에 의지해서 낼 수 있는 소리가
아니기 때문에 말을 더듬는 사람 가운데 유독 'ㅎ'을 잘 발음
하지 못하는 사람들도 있다. 하지만 'ㅎ'은 소리 내기 쉬운 자
음이다. 목구멍에서 소리를 낸다고 생각하면 된다.

입안 깊숙한 곳에서 소리가 나는 자음도 있다. 혀의 뒤쪽
이 입천장에서 구부러지며 소리가 나는 음이다. 바로 'ㄱ'이다.
'ㄱ'과 마찬가지로 'ㅋ, ㄲ, ㅇ'도 뒤혓바닥과 여린입천장이 닿
으며 소리가 난다. 이를 연구개음(여린입천장소리)이라고 한다.

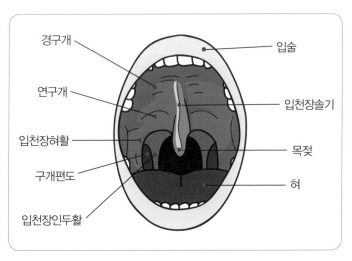

경구개
연구개
입천장혀활
구개편도
입천장인두활

입술
입천장솔기
목젖
혀

〈정면에서 본 입안의 구조〉

입안 중간에서 소리가 나는 자음도 있다. 바로 'ㅈ, ㅉ, ㅊ'이다. 앞혓바닥이 입천장 중간과 마주치거나, 그 사이 공간에서 소리가 나는 음으로 경구개음(센입천장소리)이라고 한다.

'ㄴ, ㄷ, ㄸ, ㄹ, ㅅ, ㅆ, ㅌ'은 치조음(잇몸소리)이다. 혀끝과 윗잇몸이 맞닿거나 좁혀져서 나는 소리다.

〈자음의 음가 생각하며 발음하기〉

가 (연구개음: 여린입천장소리)

나 (치조음: 잇몸소리)

다 (치조음: 잇몸소리)

라 (치조음: 잇몸소리)*

마 (양순음: 입술소리)

바 (양순음: 입술소리)

사 (치조음: 잇몸소리)

아 (연구개음: 여린입천장소리)

자 (경구개음: 센입천장소리)

차 (경구개음: 센입천장소리)

카 (연구개음: 여린입천장소리)

타 (치조음: 잇몸소리)

파 (양순음: 입술소리)

하 (성문음: 목청소리)

* 'ㄹ'은 초성에서는 [r]에 가깝게, 종성에서는 [l]에 가깝게 발음한다.

혀가 입안에서 움직이며 자음의 음가를 내야 한다. 입안을 벌리지 않으면 혀는 움직일 수 없다. 가급적 입안을 크게 벌려서 혀가 자유롭게 음가를 찍도록 해주자. 사실 자음 가운데 가장 소리 내기 힘든 음은 연구개음이다. 많은 사람들이 입안에서 깊은 울림을 내며 발음하지 않고 입술 밖에서만 모든 자음을 표현한다. 이렇게 되면 소리가 짧아질 수밖에 없다.

또한 많은 사람들이 'ㅅ' 등의 치조음을 잘 발음하지 못하는데 원리를 알면 이 또한 쉽게 발음할 수 있다. 치조음은 윗치아 안쪽의 윗잇몸에 혀를 가까이 가져다 댄 다음 숨을 내뱉으며 발음한다. 이때 윗니와 아랫니 사이에 혀를 가져다 대지 않도록 주의하자.

그런데 한 음절에 자음이 하나만 있는 것이 아니라 받침에도 있다면 어떻게 할까? 그때는 모두 다 발음해주면 된다. 그러기 위해서는 혀가 음가에 따라 빠르게 이동해야 한다. 이때 자음을 잘 표현하려면 모음을 길게 소리 내면 된다. 예를 들어 '한국'이라는 말을 해보자. '한'에는 'ㅎ'과 'ㄴ'이라는 자음이 있다. 'ㅎ'은 성문음이기에 'ㄴ'을 발음하기 위해 혀가 치조까지 이동하려면 시간이 필요하다. 이때 'ㅏ' 모음을 길게 소리 내면 혀가 이동할 수 있는 시간을 벌 수 있다.

다음의 훈련 예문을 통해 자음을 연습해보자. 종성(음절의 마지막 소리) 자음이 있다면 초성(음절의 처음 소리) 자음에서 종성 자음으로 혀가 움직일 수 있도록 모음의 음가를 길게 발음해준다.

날씨[ㄴ+ㅏ+ㄹ ㅆ+ㅣ] 치조+치조 치조

운전[ㅇ+ㅜ+ㄴ ㅈ+ㅓ+ㄴ] 연구개+치조 경구개+치조

🔊 훈련 예문
〈모음 신경 쓰며 자음 발음하기〉

요즘/ 더운/ 날씨에/ 버스/ 운전/기사들이/ 긴 시간/ 에어컨을/ 켠 채/ 운행하고/ 있는데요./ 이런/ 경우/ 버스 안/ 이산화/탄소/ 수치가/ 올라/가서,/ 졸음/ 운전/ 가능성이/ 높아/집니다[노파집니다]./ 자주/ 환기를/ 시켜/주는/ 것이/ 중요하다는데요./ 허효진/ 기자가/ 직접/ 실험해/ 봤습니다./

지난/ 9일/ 경부/고속/도로/ 7중/ 추돌/ 사고가/ 난 건/ 찰나/였습니다./ 폭염이/ 계속되는/ 요즘/ 에어컨/ 작동

과/ 졸음/ 운전/ 관련성은/ 어느/ 정도/일까?/ 45인승/ 대형/ 버스에/ 승객/ 20여/ 명을/ 태우고/ 에어컨을/ 켜고/ 주행/ 실험을/ 했습니다./

KBS뉴스 「에어컨 켠 채 장시간 운행 '졸음운전 위험'」

🐾 **말더듬 체크 리스트**

❶ 예문을 읽을 때 말막힘이 몇 번 있었는지 세어보자. (회)

❷ 말이 막히거나 발음이 안 되었던 단어를 원고에 표시해보자.

❸ 호흡이 밖으로 나왔는지 안으로 먹어 들어갔는지 살펴보자.

❹ 말의 스피드는 적정했는지 들어보자.

❺ 단어가 서로 엉키지 않게끔 리듬을 넣어 말했는지 들어보자.

매번 자음의 음가 변화를 의식하지 않아도 혀는 언제든 자신의 위치에서 소리 낼 준비를 하고 있다. 그러니 여러분은 입안을 열기만 하면 된다. 입안을 열지 않는다면 혀는 한 곳에서 모든 자음을 표현하려고 할 것이다. 말할 때마다 혀의 위치 변화를 의식하고 싶지 않다면 무조건 입안을 열어라. 아치를 높여 입안을 큰 동굴로 만들어야 한다. 그럼 혀는 자연스럽게 움직이며 정확한 음가를 찍는다.

채누보
연습법

복식호흡 자체도 중요하지만 복식호흡으로 말할 줄 아는 것
이 더 중요하다. 복식호흡을 할 줄 알면서도 말할 때는 흉식
호흡을 사용하는 사람들이 많다. 소리의 시작은 배라는 사실
을 절대 잊지 말자. 복식호흡으로 말할 때는 '채누보(채우고, 누
르고, 보내다)' 원칙을 지켜야 한다. 숨을 소리로 바꾸는 채누보
과정은 다음과 같다.

❶ 채우다.
숨을 마지막 갈비뼈부터 배꼽 5cm 아래에 채운다.

❷ 누르다.

목을 누르는 것이 아니라 배를 누르면서 숨을 조금씩 입으로 끌어 올려 뺀다.

❸ 보내다.

소리를 멀리 보낸다. 그럼 복식호흡으로 말하게 된다.

이제부터 채누보 연습을 시작해보자.

🔊 **훈련 방법**

심장 집중 호흡(heart focused breathing)을 5회 이상 실시한다.

❶ 숨을 배까지 깊숙이 채우고 그 숨을 위로 끌어 올리며 "아~~~~~~~"하고 소리 내주자.

❷ 숨을 배까지 깊숙이 채우고 그 숨을 위로 끌어 올리며 "오~~~~~~~"하고 소리 내주자.

❸ 숨을 배까지 깊숙이 채우고 그 숨을 위로 끌어 올리며 "우~~~~~~~"하고 소리 내주자.

❹ 숨을 배까지 깊숙이 채우고 그 숨을 위로 끌어 올리며 "이~~~~~~~"하고 소리 내주자.

❺ 숨을 배까지 깊숙이 채우고 배근육으로 배를 누르며 "아!"하고 스타카토로 소리를 끊어 내주자.

❻ 숨을 배까지 깊숙이 채우고 배근육으로 배를 누르며 "오!"하고 스타카토로 소리를 끊어 내주자.

❼ 숨을 배까지 깊숙이 채우고 배근육으로 배를 누르며 "우!"하고 스타카토로 소리를 끊어 내주자.

❽ 숨을 배까지 깊숙이 채우고 배근육으로 배를 누르며 "이!"하고 스타카토로 소리를 끊어 내주자.

❾ 숨을 배까지 깊숙이 채우고 배근육으로 배를 누르며 "안녀엉~~"하고 소리를 위로 끌어 올리자.

❿ 숨을 배까지 깊숙이 채우고 배근육으로 배를 누르며 "안녕하세요~~"하고 소리를 위로 끌어 올리자.

🔊 훈련 예문

〈채누보 연습하기〉

내년/ 1월/ 제조업/ 업황/ 전망/ BSI는/ 70/으로 / 3포인
트나/ 뛰었고/ 2013년/ 전체/ 전:망도/ 올해보다/ 9포인
트/ 상승한/ 81로/ 크게/ 상승/했습니다.

📢 **말더듬 체크 리스트** ··

❶ 예문을 읽을 때 말막힘이 몇 번 있었는지 세어보자. (회)

❷ 말이 막히거나 발음이 안 되었던 단어를 원고에 표시해보자.

❸ 호흡이 밖으로 나왔는지 안으로 먹어 들어갔는지 살펴보자.

❹ 말의 스피드는 적정했는지 들어보자.

❺ 단어가 서로 엉키지 않게끔 리듬을 넣어 말했는지 들어보자.

··

훈련 예문을 한꺼번에 읽으려 하지 말고 한 단어씩 쪼개서 읽어보자. 숨을 들이마신 다음 "내년~"이라고 말하고, 다시 숨을 들이마시고 "1월~"이라고 소리를 내준다. 평소 말을 굉장히 빨리하는 사람들은 숨을 아랫배까지 담지 않고 가슴에 담아 목을 통해 말한다. 배까지 숨을 내려 소리를 끌어 올리는 사람들은 빨리 말하고 싶어도 그렇게 할 수가 없다. 뿌리 깊은 나무가 더욱 강건한 것처럼 호흡을 깊숙이 내려 말한다면 한결 좋은 울림소리가 나올 것이다.

공명점
연습법

자신의 몸에 맞는 좋은 목소리를 내고 싶다면 먼저 키톤 (keytone)을 찾아야 한다. 키톤은 명상을 하거나 안정감을 느낄 때 또는 누군가에게 진심을 담아 말할 때 나오는 음역대를 의미한다. 울림이 가장 극대화되는 톤으로, 키톤에 맞춰 말을 하면 말하는 사람도 편하고 듣는 사람도 편한 목소리가 나오게 된다. 사람들은 각자의 몸에 맞는 톤을 가지고 있다. 피아노의 각 건반에 맞는 '도레미파솔라시' 음이 있는 것처럼 사람에게도 각자 자신의 몸에 맞는 톤이 있다. 키톤은 결국 깊은 울림이 느껴지는 공명점을 찾는 것이다.

공명점이란 C스팟을 말하는데, 목소리와 스피치 분야의 권

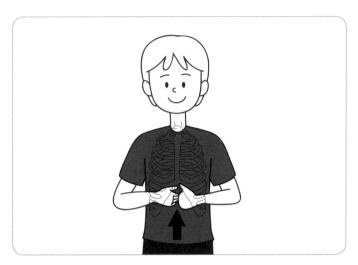

〈공명점을 손가락으로 누르는 모습〉

위자이자 UCLA 교수였던 모튼 쿠퍼(Morton Cooper)가 발견했다. 깊은 울림이 나오는 공명점을 찾아서 힘을 주고 말해야 자신만의 키톤 영역대에 맞는 공명을 낼 수 있다.

내 몸에서 가장 안정적인 소리가 나오는 최적의 공명점을 찾아보자. 키톤으로 말하면 고음이나 저음도 무리 없이 낼 수 있으며, 자기 스스로 울림을 만들어내기 때문에 성대의 피로를 낮추면서 정확한 소리를 얻을 수 있다.

그럼 자신의 공명점을 찾기 위해서는 어떻게 해야 할까? 먼저 복식호흡으로 아랫배에 숨을 채운 다음 갈비뼈가 갈라지는 명치(Y존)에 양손을 가져다 댄다. "음~"이라는 소리를 내보자. 양쪽 손가락으로 계속 압력을 주며 계속 소리를 낸다. 울림이 큰 부분을 느낄 수 있다. 이때 명치가 아닌 다른 곳을 눌러보면 울림이 좀 더 작게 느껴질 것이다. 울림이 가장 큰 부분이 바로 당신의 공명점이다. 하지만 말할 때도 계속 손가락으로 공명점을 눌러줄 수는 없다. 그래서 손가락이 아닌 배근육으로 공명점을 눌러줘야 한다.

배근육으로 공명점을 누르며 훈련 예문을 읽어보자. 한 단어씩 끊어 숨을 들이마시고 공명점을 누르며 숨을 뱉는다. 그리고 다시 숨을 들이마시고 공명점을 누르고 숨을 뱉으면서 예문을 발음해보자.

'나'에/ 대한/ 모순들이/ 오늘도/ 우리가/ 자신을/ 상대로/ 싸우도록/ 만든다./ 싸움 중/ 가장/ 지독하고도/ 외로운/ 싸움은/ 열등감이다./ 열등감이/ 한 번/ 똬리를/ 틀기/ 시작하면/ 어떠한/ 칭찬도/ 귀에/ 들리지/ 않는다./ 흔히/ 열등감의/ 반대를/ 우월감이라고/ 여기는데/ 그렇지/ 않다./ 열등감의/ 반대는/ 자기/만족이다./ 생각해보자./ 나 스스로가/ 괜찮다고/ 느껴질 때/ 우리는/ 타인에게/ 무언가를/ 증명할/ 필요를/ 느끼지/ 못한다./ 그저/ 내 할 일을/ 묵묵히/ 할 뿐이다./ ……

열등감의/ 핵심은/ 비교다./ 열등감에/ 사로잡힌/ 사람들은/ 끊임없이/ 나를/ 다른/ 사람들과/ 비교한다./ 우월감이/ 열등감과/ 다르지 않은/ 이유가/ 여기에/ 있다./ 열등감은/ 나를/ 나보다/ 잘나 보이는/ 사람과/ 상향/비교하고,/ 우월감은/ 나보다/ 못나 보이는/ 사람을/ 찾아/ 하향/비교한다./

『받아들이면 알게 되는 것들』, 황선미 지음, 소울메이트

❶ 예문을 읽을 때 말막힘이 몇 번 있었는지 세어보자. (회)

❷ 말이 막히거나 발음이 안 되었던 단어를 원고에 표시해보자.

❸ 호흡이 밖으로 나왔는지 안으로 먹어 들어갔는지 살펴보자.

❹ 말의 스피드는 적정했는지 들어보자.

❺ 단어가 서로 엉키지 않게끔 리듬을 넣어 말했는지 들어보자.

⋯⋯⋯⋯⋯⋯⋯⋯⋯⋯⋯⋯⋯⋯⋯⋯⋯⋯⋯⋯⋯⋯⋯⋯⋯⋯⋯⋯⋯⋯⋯⋯⋯⋯⋯

공명은 스타다. 스타는 언제나 맨 뒤에 나온다. 공명은 소리가 시작되는 점에서 나오기 어렵다. 배근육이 소리를 밀어줄 때 맨 뒤에 나오는 울림이 바로 공명이다. 그래서 배근육이 등에 붙는다고 생각하며 깊게 눌러줘야 한다. 배를 깊게 누르면 깊은 소리가 나온다.

공명은 양반이다. 느리게 말해야만 나온다. 그래서 목소리가 좋은 사람들을 보면 대부분 말을 느리게 한다는 것을 알 수 있다. 발성 연습을 통해 공명을 얻게 된 후에도 공명을 꾸준히 사용해야 한다. 그러나 어색하다며 사용하지 않다 보면 입으로만 말하게 되면서, 말의 속도가 빨라져 말막힘이나 말더듬이 생길 수 있다. 공명을 얻는다면 호흡이 배 깊은 곳에서부터 올라와 입안을 거쳐 소리가 되어 나온다. 그렇게 되면 말의 속도는 훨씬 느려지고 입에 힘을 주지 않아도 소리가 나오므로 보다 편안하게 말할 수 있다. 목소리뿐만 아니라 신체로 하는 모든 운동도 마찬가지다. 코어 근육이 생기면 쉽게 균형을 잡을 수 있어 뭐든 큰 힘을 주지 않고도 가능해진다.

말더듬 트레이닝 체크 리스트

순서	트레이닝	O	시간
1	모음 발음 훈련		
2	자음 발음 훈련		
3	채누보 연습법		
4	공명점 연습법		

🕐 총 연습시간

☑ 특이사항

앞으로의 다짐

트레이닝을 하며 느낀 목소리의 변화를 생각해보고,
앞으로 보완할 점을 적어보세요.

YES

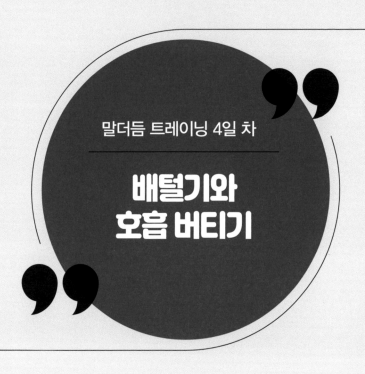

말더듬 트레이닝 4일 차

배틀기와
호흡 버티기

배짜기를 할 때 아랫배 양쪽이 아프지 않았다면 훈련의 효과는 없다. 아랫배 양쪽이 찢어지게 아플 정도로 연습했다면 이제 말더듬 극복은 30% 완성이 되었다고 볼 수 있다. 이제 말더듬 극복의 꽃 '배털기'를 연습해보자. 배털기는 소리의 무게중심이 배 아래로 가고 마치 하품하듯 혀뿌리가 내려가야만 할 수 있다. 누구나 어려워하지만 연습하면 누구나 다 할 수 있다. 배털기와 호흡 이어붙이기를 동시에 연습하면 말더듬 극복의 큰 산은 거의 넘었다고 할 수 있다. 여러 번 반복해 내 것으로 만들어보자.

배털기
훈련

이제 '배털기'에 도전해보자. 배근육은 팽창과 수축을 반복하면 아주 유연해지며 자유자재로 움직일 수 있게 된다. 이렇게 배근육이 훈련되면 배털기도 자연스럽게 할 수 있다.

우리말은 빠르다. 강약이 있고 잠깐 쉼(pause)이 필요할 때도 있다. 소리에 맞게 배를 움직이기 위해서는 배짜기로는 부족하다. 배로 바이브레이션을 만들 수 있을 정도로 팽창과 수축이 빠르고 자연스럽게 되어야 한다. 그래서 배털기가 필요하다. 배털기가 되려면 숨은 충분히 아랫배까지 내려가야 하고 배근육은 탄탄해져야 한다. 그렇게 되면 소리의 무게중심이 아래로 내려가 아주 건강한 소리를 낼 수 있게 된다.

훈련 예문

〈가갸거겨 배털기〉

가 갸 거 겨 고 교 구 규 그 기

나 냐 너 녀 노 뇨 누 뉴 느 니

다 댜 더 뎌 도 됴 두 듀 드 디

라 랴 러 려 로 료 루 류 르 리

마 먀 머 며 모 묘 무 뮤 므 미

바 뱌 버 벼 보 뵤 부 뷰 브 비

사 샤 서 셔 소 쇼 수 슈 스 시

아 야 어 여 오 요 우 유 으 이

자 쟈 저 져 조 죠 주 쥬 즈 지

차 챠 처 쳐 초 쵸 추 츄 츠 치

카 캬 커 켜 코 쿄 쿠 큐 크 키

타 탸 터 텨 토 툐 투 튜 트 티

파 퍄 퍼 펴 포 표 푸 퓨 프 피

하 햐 허 혀 호 효 후 휴 흐 히

❶ 아랫배에 숨을 가득 채웠다가 "가아~~~~" 하고 외친다.

❷ 다시 "가아~~" 하면서 배를 팽창하고 수축하며 털어준다. 이때 '가'보다 '아~'에서 털어줘야 더 잘 털린다. 입에는 힘을 주면 안 된다. "아!" 하는 막힌 소리가 아니라 "아~~" 하는 자유로운 소리가 나와야 한다.

❸ 다시 아랫배까지 숨을 채운 다음 "갸아~~" 하고 소리내며 배근육을 반복적으로 수축하고 팽창한다.

❹ 다시 숨을 들이마신 다음 "거어~" 하고 털어준다. 입안은 완전히 열어서 목젖을 보이게 한다.

❺ "하~~~~" 하며 공명점을 누른다. 공명점에서 입까지 하나의 관으로 연결된다는 느낌이 들게 입을 양쪽, 위아래로 걸림 없이 연다. 이때 목이 아닌 배를 움직이며 배근육으로 소리를 털어내야 한다. 그리고 입안은 항상 활짝 열어서 소리가 증폭되도록 한다.

다음의 훈련 예문에 배털기를 접목해보자. 단어 위주로 쪼갠 뒤 배를 털어 울림을 만든다. 배를 털 때는 배와 등이 붙는다는 느낌으로 털어줘야 한다. 배에 긴장과 힘을 주되 수축과 팽창이 자연스럽게 이루어지게 해야 한다.

훈련 예문
〈배털기로 기사 읽기〉

올해/ 표준/ 단독/주택/ 공시/가격이/ 역대/ 최고/ 수준의/ 상승률을/ 기록한/ 가운데/ 서울의/ 공시/가격/ 급등/ 지역 내/ 단독/주택들이/ 의견/청취/ 과정을/ 거치며/ 당초/ 예정가보다/ 상승폭이/ 상당/부분/ 낮아진/ 것으로/ 확인/됐다./ 해당/ 지자체와/ 주민들의/ 반발은/ 물론/ 여당/ 내부에서도/ 일부/ 급격한/ 공시/가격/ 인상에/ 대한/ 우려가/ 나오면서/ 이들/ 의견을/ 일정/부분/ 수용한/ 것이다./ 특히/ 전통적인/ 부촌이/ 아닌/ 지역의/ 단독/주택,/ 서민/ 임대용으로/ 사용하고/ 있는/ 다가구/주택의/ 공시/가격이/ 상대적으로/ 많이/ 하향/ 조정/됐다./

연합뉴스 「표준주택 공시가격, 다가구는 낮춰주고 초고가는 인하요구 거부」

❶ 예문을 읽을 때 말막힘이 몇 번 있었는지 세어보자. (회)

❷ 말이 막히거나 발음이 안 되었던 단어를 원고에 표시해보자.

❸ 호흡이 밖으로 나왔는지 안으로 먹어 들어갔는지 살펴보자.

❹ 말의 스피드는 적정했는지 들어보자.

❺ 단어가 서로 엉키지 않게끔 리듬을 넣어 말했는지 들어보자.

　　말더듬 트레이닝을 시작하고 배짜기에 이어 배털기에 도전할 때 너무 힘들고 잘 안 된다는 사람들이 종종 있다. 그런데 허리 숙여 배짜기 훈련으로 배근육을 일주일만 단련해도 배털기는 자연스럽게 된다.

　　배짜기와 배털기는 편안한 상태에 있는 사람이 자연스럽게 하는 본능적인 호흡과 같다. 즉 새롭게 배우는 게 아니라 자연스러운 상태로 돌아가서 배를 사용해 소리 내는 것이다. 앞서 계속 언급했듯이 말더듬 극복의 핵심은 배근육이다. 이 점을 잊지 말자. 꾸준한 훈련을 통해 배근육을 탄탄하게 만든다면 말더듬 또한 한 발자국씩 나아질 것이다.

허리 숙여
배털기 훈련

일어서서 몸을 수그린 다음 숨통에 숨을 들이마시고 배근육으로 배를 잡아당긴다. 이때 입에 힘이 들어가서는 절대 안 된다. 소리의 시작은 배근육이다. 배근육에서 호흡이 올라오며 목과 입을 거쳐야 한다. 이때 배에서 통증이 느껴진다면 배근육을 제대로 사용한 것이다. 연습을 하다 힘이 빠지면 자신도 모르게 목으로 소리를 낼 수 있으니 조심하자. 배가 쪼그라드는 것을 계속 의식하며 배가 아픈 느낌을 즐겨야 한다.

배에 담긴 숨이 소리로 바뀌려면 숨을 끌어 올려주는 배근육의 힘이 반드시 필요하다. 배근육을 이용해 많이 말해본 사람은 배근육의 탄력성이 좋아 배짜기뿐만 아니라 배털기도 쉽게 훈련할 수 있다.

우리말은 여러 음절이 계속 나오면서 빠르게 단어가 되고 문장이 되기 때문에 전반적인 리듬이 빠르다. 입은 말의 속도를 따라갈 수 있지만, 입보다 탄력성이 떨어지는 배근육은 말의 속도를 따라갈 수 없다. 그래서 자꾸 목이나 입으로 말하게 되는 것이다. 따라서 말의 속도에 맞춰 배근육도 움직일 수 있게 훈련해둬야 한다.

훈련 방법

숨을 복식호흡 존(마지막 갈비뼈부터 배꼽 5cm 아래)에 가득 채운다. 그다음 노래 부르듯 "아아~~~~~" 하고 배근육을 이용해 바이브레이션을 만든다. 이때 "아아아아~"에 맞춰 배를 계속 털어야 한다. 제대로 배털기를 하게 되면 목 후두(목에서 돌출된 부분)와 쇄골 부분이 움직이는 것이 느껴진다.

〈허리 숙여 크래시아 배털기〉

먼저 숨을 배까지 채운 다음 첫음절을 발음한다. 그리고
다음에 이어지는 음절을 소리 낼 때 배를 턴다.

로 → 로~~오~~~~~~~("오"를 발음할 때 배를 털어보자.)

얄 → 야~~알~~~~~~~("알"을 발음할 때 배를 털어보자.)

막 → 마~~악~~~~~~~("악"을 발음할 때 배를 털어보자.)

파 → 파~~아~~~~~~~("아"를 발음할 때 배를 털어보자.)

싸 → 싸~~아~~~~~~~("아"를 발음할 때 배를 털어보자.)

리 → 리~~이~~~~~~~("이"를 발음할 때 배를 털어보자.)

톨 → 토~~올~~~~~~~("올"을 발음할 때 배를 털어보자.)

로얄 막파 싸리톨　　　쥬피탈 캄파 큐을와

셀레우 아파쿠사　　　푸랜 마네푸 슈멘헤워제

깅강후리와 디다스코　　바시레이아 게겐네타이

페레스테란 포로소 폰　　파라클레세오스 쏘테라이스

나 역시 중요한 방송이 있거나, 몸 상태가 안 좋을 때마다 아침에 배털기 훈련을 한다. 숨을 힘껏 들이마시고 숨이 끊어질 것 같을 때까지 계속 배를 털면서 바이브레이션을 만든다. 그럼 배근육이 수축되면서 단련되는 느낌이 들면서 말이 한결 매끄럽게 나온다. 평소 잘 알고 발음도 잘 되던 단어가 갑자기 입으로 나오지 않는 날이 있다. 그런 날은 입이 열리지 않고 배근육은 무겁게 느껴지기도 한다. 이럴 때 꼭 배털기를 해보자. 단 5분만 훈련해도 달라지는 걸 느낄 수 있다.

호흡 버티기
훈련

이번에는 말더듬에 정말 특효인 훈련을 소개하겠다. 내가 말더듬을 고치는 데 가장 효과적인 방법이었던 '호흡 버티기' 훈련이다. 말더듬은 숨이 얕게 조금씩 나오면서 생긴다. 숨이 얕다 보니 엉키게 되고, 호흡이 많이 필요한 단어나 여러 개의 단어가 중복해서 나오면 말을 더듬게 되는 것이다. 호흡을 깊게 오랫동안 내뱉는 훈련을 하면 발음이 어려운 단어나 여러 개의 단어가 나와도 무리 없이 숨을 뱉어낼 수 있다. 호흡 버티기 훈련은 이 책에서 다루는 내용 중에서 가장 중요한 교육 방법이다. 호흡 버티기의 훈련 방법을 알아보자.

🔊 훈련 방법

❶ 신문 기사를 준비한다.

❷ 앉은 상태에서 숨을 들이마신 다음 숨을 내뱉으며 내용을 읽어 내려간다. 한 문장을 한숨에 읽는다. 중간에 멈추거나 숨을 다시 들이마셔서는 안 된다.

❸ 숨을 다시 들이마시고 그다음 두 문장을 읽는다. 중간에 숨을 멈추거나 들이마시지 말고 계속 내뱉으며 읽는다.

❹ 숨을 다시 들이마시고 그다음 세 문장을 읽는다. 중간에 숨을 멈추거나 들이마시지 말고 계속 내뱉으며 읽는다.

뒤로 갈수록 숨이 달리며 배근육이 더 이상 수축하지 못하고 소리도 아예 안 나오려 할 것이다. 이때 숨을 들이마시지 말고 버티는 게 바로 호흡 버티기다.

호흡을 버티며 소리가 안 나오더라도 문장을 끝까지 읽는다. 배근육이 수축할 때는 화장실에서 볼일 보는 것처럼 양쪽 배가 아파야 한다. 배가 아프지 않으면 효과도 없다. 배가 당기거나 아프지 않다면 목으로 소리를 낸 것이다. 배근육으로 호흡을 버티며 여러 문장을 읽는데 배가 안 아플 수는 없다.

호흡 버티기를 한 다음 다시 숨을 들이마실 때는 숨을 최대한 많이 담는다. 말을 더듬는 사람들 대부분이 호흡을 남들보다 적게 들이마신다. 깊게 들이마신다는 생각으로 숨을 3초 정도 힘껏 채우자.

〈호흡 버티기로 기사 읽기〉

인도네시아에서 발생한 강진과 지진해일로 인한 사망자가 400명을 넘긴 가운데 현지 당국은 수천 명이 숨졌을 가능성이 있다고 밝혔습니다./ 현지를 방문한 한국인 1명의 소재도 아직 파악되지 않고 있습니다. 이철호 기자가 보도합니다./

인도네시아 재난당국은 슬라웨시섬을 강타한 규모 7.5의 강진과 지진해일로 숨진 사람은 현재까지 최소 405명이라고 밝혔습니다./ 실종자는 29명, 중상자만 500명이 넘습니다./ 인명 피해는 더 늘어날 것으로 보입니다./ 해변이 초토화된 팔루 지역에서는 수천 명이 축제를 준비 중이었습니다./

......

지진의 진앙지인 동갈라 일대의 피해 상황은 파악조차 되지 않고 있습니다./ 때문에 유수프 칼라 인도네시아 부통령은 "이번 사태로 인한 사망자가 수천 명에 이를 수 있다."고 말했습니다./ 팔루 공항도 관제탑이 파손되고 활

주로 500미터에 균열이 발생했습니다./

KBS뉴스 「인니 강진·지진해일 참사 "수천 명 사망 가능성"」

🔊 말더듬 체크 리스트

❶ 예문을 읽을 때 말막힘이 몇 번 있었는지 세어보자. (회)

❷ 말이 막히거나 발음이 안 되었던 단어를 원고에 표시해보자.

❸ 호흡이 밖으로 나왔는지 안으로 먹어 들어갔는지 살펴보자.

❹ 말의 스피드는 적정했는지 들어보자.

❺ 단어가 서로 엉키지 않게끔 리듬을 넣어 말했는지 들어보자.

이번에는 호흡을 좀 더 오래 참으며 연습해보자. 한숨에 읽는 문장을 더욱 길게 구성했다. 중간에 소리가 안 나오더라도 배근육을 수축하는 긴장을 풀어서는 안 된다.

🔊 훈련 예문
〈호흡 버티기로 긴 문장 읽기〉

민감성을 갖고 태어난 사람들 중에서 민감함이 유독 더 강한 사람들이 있다. 편의상 이들을 '초민감인'이라고 부르겠다. 앞서 설명한 민감한 사람들의 특징을 모두 가진 동시에 그들을 더욱더 민감하게 만드는 요인이 있는 것이다. 초민감인은 강한 직관력을 갖고 있으며 에너지를 잘 느끼고 흡수하는 영적 체질을 가지고 태어난 사람이다./
초민감인은 그 누구보다 강한 직관력을 갖고 있어서 소위 말하는 '촉'과 '필'이 잘 들어맞는다. 자신의 감을 믿으면 되는 것이다. 모두가 빙산의 일각만 볼 때 초민감인은 물속에 잠겨 있는 빙하까지, 전체를 다 보고 감지하는 사람이다. 사람들이 물 위에 떠 있는 오리의 모습만 볼 때 초민감성을 타고난 사람은 겉으로 드러나지 않는 물 밑의 오리발까지 볼 수 있다./ 또한 사람들의 에너지, 살아 있는 동물과 식물의 생체에너지를 느끼고 자기 몸으로 흡수한다. 이는 대부분의 사람과는 달리 초민감인에게는 에너지에 대한 방어막이 없기 때문에 나타나는 현상이다. 타인과 나의 에너지에 경계가 없기에 다른 사람의 에너지를 느끼고 흡수하는 것이다./

『오늘도 예민하게 잘살고 있습니다』, 송지은 지음, 사우

🗣)) 말더듬 체크 리스트

❶ 예문을 읽을 때 말막힘이 몇 번 있었는지 세어보자. (회)

❷ 말이 막히거나 발음이 안 되었던 단어를 원고에 표시해보자.

❸ 호흡이 밖으로 나왔는지 안으로 먹어 들어갔는지 살펴보자.

❹ 말의 스피드는 적정했는지 들어보자.

❺ 단어가 서로 엉키지 않게끔 리듬을 넣어 말했는지 들어보자.

〈훈련 시간 조금씩 늘리며 호흡 버티기〉

호흡 버티기 훈련에서 반드시 조심해야 할 것이 있다. 말하는 도중 멈추게 되면 본능적으로 숨을 다시 들이마시기 때문에, 중간에 말을 끊지 않고 계속 이어 내려가야 한다. 목소리가 나오지 않더라도 숨이 바닥날 때까지 예문을 읽는다. 그렇게 버티다 더 이상 뱉을 숨이 없다고 생각했을 때 복식호흡으로 숨을 들이마셔 배를 빵빵하게 채운다. 들이마신 호흡의 양에 따라, 한 호흡이 길 때는 오래 말할 수 있고 한 호흡이 짧을 때는 오래 말하기 어려울 수도 있다. 호흡을 조금씩 길게 가져가보자. 그리고 배근육 양쪽에 통증이 느껴지는지도 체크해야 한다. 만약 아무런 자극이 없다면 4일 차 트레이닝을 다시 처음부터 시작하자.

허리 숙여 바르미 끼고 호흡 버티기 훈련

'허리 숙여 바르미 끼고 호흡 버티기'는 여러 발성 연습법 중 가장 단시간 내에 좋은 효과를 얻을 수 있는 방법이다. 나도 말더듬을 고치는 데 호흡 버티기 훈련의 심화과정으로 많은 효과를 봤다. 조용한 공간에서도 할 수 있기 때문에 장소에 구애받지 않고 하루 30분 이상 연습한다면 목소리가 눈에 띄게 좋아질 것이다.

🎵 훈련 방법

❶ 신문 기사나 예문을 바닥에 둔다.

❷ 바르미 또는 나무젓가락을 입에 낀 다음, 일어선 상태에서 허리를 구부린다.

❸ 숨을 들이마신 다음 천천히 읽어내려 간다.

❹ 하나의 기사를 다 읽었다면 그다음 신문 기사를 읽는다. 중간에 끊지 않고(숨을 다시 들이마시지 말고) 계속 읽는다. 더 이상 소리를 낼 수 없을 때 다시 숨을 들이마신다.

❺ 한 기사에 몇 번이나 숨을 들이마시는지 세보자. 호흡이 긴 사람은 중간에 쉬는 횟수가 적겠지만, 호흡이 짧은 사람은 오래 읽지 못해 숨을 여러 번 들이마시게 된다. 꼭 체크해보자.

〈바르미 끼고 호흡 버티며 읽기 1〉

얼굴은 그 사람의 생각과 생활을 끊임없이 반영한다. 우리는 그 사실을 잘 알고 있다. 그래서 오랜만에 만난 사람들과 가장 먼저 하는 얘기도 얼굴에 관한 것이다. "너 얼굴 좋아졌다. 좋은 일 있었어? 좀 까칠해졌네. 무슨 일이야?" 얼굴이란 안의 것이 밖으로 뛰쳐나와 만들어지기 때문이다./ 늘 남을 미워하고 원망하면서, 시기 질투하면서 못된 생각을 하면서 훤하고 보기 좋은 얼굴을 가질 수는 없다. 아름다운 얼굴을 갖기 위해서는 먼저 아름다운 마음을 가져야 한다. 좋은 생각을 많이 하고, 좋은 감정을 많이 키우는 것이다. 매사에 감사하고 늘 어떻게 하면 남을 도울지를 생각하는 것이다./ 심각한 일도 가볍게 웃어 넘길 수 있어야 한다.

"지혜로움을 나타내는 가장 분명한 표현은 명랑한 얼굴이다." 몽테뉴의 말이다. "사람의 얼굴은 하나의 풍경이며 한 권의 책이다. 얼굴은 결코 거짓말을 하지 않는다." 발자크의 말이다. 내 얼굴은 내가 책임져야 한다./

『몸이 먼저다』, 한근태 지음, 미래의창

🗣️ 말더듬 체크 리스트

❶ 예문을 읽을 때 말막힘이 몇 번 있었는지 세어보자. (회)

❷ 말이 막히거나 발음이 안 되었던 단어를 원고에 표시해보자.

❸ 호흡이 밖으로 나왔는지 안으로 먹어 들어갔는지 살펴보자.

❹ 말의 스피드는 적정했는지 들어보자.

❺ 단어가 서로 엉키지 않게끔 리듬을 넣어 말했는지 들어보자.

자기사랑이란 자신을 소중한 사람으로 받아들이는 것이다. 받아들인다는 것은 불만이 없다는 뜻이다. 알차게 살고 있는 사람들은 절대 불평하는 법이 없다. 바위가 거칠다고, 하늘이 찌푸렸다고, 얼음이 너무 차갑다고 쓸데없이 불평을 늘어놓지 않는다./ 받아들인다는 것은 불평하지 않는 것이며, 행복하다는 것은 자신이 어찌해 볼 도리가 없는 일들을 놓고 한탄하지 않는 것이다.

불평은 자기 신뢰가 없는 사람들의 피난처다. 다른 사람들에게 자신의 탐탁찮은 구석들에 대해 말하다 보면 그 불만은 계속된다./ 다른 사람들도 그렇지 않다고 말해주는 게 고작일 뿐 해줄 수 있는 게 거의 하나도 없는 경우가 대부분이다. 타인의 말을 믿지 않기 때문이다.

……

불평은 시간 낭비다. 그럴 시간이 있으면 마음속으로 묵묵히 자신을 칭찬해준다든가 다른 사람이 알차게 살아가도록 도움을 주는 등 자기사랑을 연습하는 편이 훨씬 보

람된 일이다./

이 세상에서 가장 못난 불평 두 가지가 있다. 지쳤다고 투덜거리는 것과 기분이 좋지 않다고 푸념하는 것이다. 지쳤다고 느낄 때 분명 여러 가지 해결 방법이 있을 텐데도 사랑하는 사람이나, 또는 누가 될지는 모르지만 어느 가엾은 영혼에게 불평을 하는 것은 그 사람을 함부로 대하는 행동이다./

『행복한 이기주의자』, 웨인 다이어 지음, 21세기북스

말더듬 체크 리스트

❶ 예문을 읽을 때 말막힘이 몇 번 있었는지 세어보자. (회)

❷ 말이 막히거나 발음이 안 되었던 단어를 원고에 표시해보자.

❸ 호흡이 밖으로 나왔는지 안으로 먹어 들어갔는지 살펴보자.

❹ 말의 스피드는 적정했는지 들어보자.

❺ 단어가 서로 엉키지 않게끔 리듬을 넣어 말했는지 들어보자.

바르미나 나무젓가락을 끼고 허리 숙여 말하다 보면 침이 흐를 수 있으니 미리 휴지를 준비해두면 좋다. 만약 허리가 아프다면 몸에 힘을 너무 많이 준다는 뜻이므로 몸의 긴장을 부드럽게 풀어주자. 훈련을 한 다음 입에 낀 것을 빼고 다시 신문 기사를 읽어보면 한결 편안하게 발음할 수 있을 것이다. 만약 숨이 다 빠져나가기 전에 숨을 다시 채웠다면 그 차이를 느끼지 못할 수도 있다. 한계라고 느낄 때까지 숨을 참아보도록 하자.

말더듬 트레이닝 체크 리스트

순서	트레이닝	O	시간
1	배털기 훈련		
2	허리 숙여 배털기 훈련		
3	호흡 버티기 훈련		
4	허리 숙여 바르미 끼고 호흡 버티기 훈련		

🕐 총 연습시간

☑ 특이사항

트레이닝을 하며 느낀 목소리의 변화를 생각해보고,
앞으로 보완할 점을 적어보세요.

YES

말더듬 트레이닝 5일 차

말의 속도를
천천히 하라

여기까지 정말 잘 따라왔다. 이제 쉬어가는 훈련을 해보자. 그동안 숨을 앞으로 밀어내는 배짜기와 입안을 동그랗게 해서 소리를 증폭시키는 아치 넓히기 훈련을 했다면, 이제는 그다음 단계인 '말 중간에 쉬기' 훈련이다. 어쩌면 소리를 내는 것보다 쉬는 게 더 어려울 수 있다. 말더듬이 있는 사람들이 가장 어려워하는 것 중 하나가 바로 말 중간에 쉬기다. 고속도로를 이용할 때 중간중간 휴게소에 들르는 것처럼, 말할 때도 중간에 쉬면서 천천히 말해줘야 한다. 그런데 말더듬이 있는 사람은 쉬지 않고 일자톤으로 한 번에 이야기한다. 마치 휴게소를 들르지 않고 서울에서 부산까지 한 번에 가는 것처럼 말이다. 지금부터 말의 속도를 천천히 바꾸는 방법을 배워보자.

말 중간에 쉬기
훈련

말하는 중간에 쉬지 않는다면 숨이 차고 호흡도 가빠져서 말을 더듬게 된다. 말을 쉬지 않고 빨리하면 성격이 급하고 불안해 보이기도 할뿐더러 말의 전달력도 떨어진다. 듣는 사람의 입장에서도 한꺼번에 많은 단어를 이해해야 하다 보니 머리가 복잡해져 어느 순간 듣기를 포기해버린다. 혼자 말하는 원웨이(one-way) 커뮤니케이션이 아닌 함께하는 쌍방향 투웨이(two-way) 커뮤니케이션을 하려면 말 중간에 쉼이 꼭 필요하다. 지금부터 쉬엄쉬엄 말하는 '말 중간에 쉬기' 훈련에 집중해보자.

말 중간에 숨을 쉬려면 말끝(어미)을 아래로 길게 내려준다.

예를 들어 "나는"이라고 말할 때, 끝음절을 "느은~~~" 하고 길게 발음해주면서 폐 안에 있는 호흡을 다 빼주는 것이다. 신체는 편안히 이완한다. 이때 호흡을 다 빼서 배를 비우지 않는다면 다시 숨을 채울 때 많이 채우지 못한다. 호흡을 내려놓을 때는 마음 편히 소리를 다 흘려보내고 비워주자.

다음의 훈련 예문은 10개 문장으로 구성된 스피치 사명서다. 내용을 생각하며 큰 소리로 읽어보자. 내가 인생을 살아가면서 꼭 지키는 십계명인데 여러분도 지켜보길 권한다. 반복적으로 연습해 마음속에 새기자.

〈스피치 사명서〉

❶ 나는/ 항상/ 초긍정의/ 자세로/ "할 수/ 있다!"/ "해내고/ 말겠다!"를/ 외치/겠다./

❷ 나는/ "짜증/ 난다." "힘들다." "피곤하다."라는/ 말은/ 하지/ 않겠다./

❸ 나는/ 하루/ 최소/ 세 번/ "감사/합니다./ 감사/합니다./ 감사/합니다!"를/ 외치/겠다./

❹ 나는/ 항상/ 타인을/ 볼 때/ 그 사람의/ 장점만/ 보려/ 노력/하겠다./

❺ 나는/ 말보다는/ 행동으로/ 보여/주며/ 작은/ 것이라도/ 꾸준히/ 하겠다./

❻ 나는/ 철저한/ 준비를/ 통해/ 무대/ 위에서/ 멋진/ 나를/ 표현/하겠다./

❼ 나는/ 다른/ 사람과/ 다르다./ 특별/하다./ 특별한/ 나를/ 인정/한다./

❽ 나는/ 보이는/ 것만/ 보지/ 않고/ 보이지/ 않는/ 것을/ 보려/ 노력/하겠다./

❾ 나는/ 한 번/뿐인/ 인생을/ 후회와 /분노,/ 화로/ 허비/하지/ 않겠다./

❿ 나는/ 나/ 자신을/ 믿는다./ 아자/아자,/ 파이팅!

🌀 훈련 방법

❶ 첫 어절을 "나는~~" 하며 길게 발음한다. '는'을 말할 때 폐에 있는 숨을 다 빼며 목소리의 톤을 아래로 길게 빼준다.

❷ 숨을 들이마신 다음 그다음 어절 "항상~"을 읽는다. 이때도 말끝의 목소리 톤을 아래로 길게 빼준다. 숨을 아래로 편하게 툭 내려놓는다.

❸ 다시 한번 숨을 들이마신 다음 "초긍정의~*" 하고 소리 낸다. 이때도 말끝의 목소리 톤을 아래로 길게 빼주며 숨을 끝까지 비워준다. 다른 단어도 반복적으로 연습한다.

* 단어의 첫음절 이외의 'ㅢ'는 [ㅣ]로, 조사 'ㅢ'는 [ㅔ]로 발음할 수 있다.

주의[주의/주이]   우리의[우리의/우리에]
협의[협의/협이]   강의의[강:의의/강:이에]

❶ 예문을 읽을 때 말막힘이 몇 번 있었는지 세어보자. (회)

❷ 말이 막히거나 발음이 안 되었던 단어를 원고에 표시해보자.

❸ 호흡이 밖으로 나왔는지 안으로 먹어 들어갔는지 살펴보자.

❹ 말의 스피드는 적정했는지 들어보자.

❺ 단어가 서로 엉키지 않게끔 리듬을 넣어 말했는지 들어보자.

"화장은 하는 것보다 지우는 것이 더 중요합니다." 한 화장품 회사의 광고 카피다. 소리도 마찬가지로 내는 것보다 쉬는 것이 더 중요하다. 잘 쉬어야 여유를 가지고 길게 말할 수 있고 청자와 함께 호흡하며 소통할 수 있다. 말더듬이 있는 사람들은 중간에 잘 쉬지 못하다 보니 들숨이 적고 따라서 자연스레 날숨도 적어지게 된다. 그래서 헉헉거리면서 얕게 숨 쉬며 말하는 것이다. 너무 숨을 잡고 말해서는 안 된다. 숨을 내려놓아야 한다. 충분히 들이마시고 뱉자.

숨은 시작도 중요하지만 끝이 더 중요하다. 숨의 끝이 어떻게 떨어지는지 보자. 들이쉬었던 숨이 시원하게 다 빠져야 한다. 숨이 나갈 때 마치 누군가가 내 심장과 폐를 따뜻하게 만져준다는 느낌이 들도록 편안하게 연습해보자.

시 낭송
훈련

시를 낭송할 때는 숨을 툭 내려놓을 수 있어서 호흡을 훈련하기에 좋다. 잔잔하게 읽어 내려가다 보면 호흡도 함께 차분해진다. 시 낭송을 반복하면 말의 속도를 잡을 수 있기 때문에, 말의 속도가 빨라 말을 더듬는 사람들에게 시 낭송을 강력 추천한다. 시를 낭송할 때는 머릿속에서 시 속의 상황을 이미지로 떠올리며 읽는다. 훈련 예문을 한번 낭송해보자. 다음과 같이 말끝을 늘리며 천천히 낭송하는 데 집중한다.

〈말끝을 늘리며 시 낭송하기〉

흔들리지 않고 피는 꽃이 어디 있으랴

이 세상 그 어떤 아름다운 꽃들도

다 흔들리며 피었나니

흔들리면서 줄기를 곧게 세웠나니

흔들리지 않고 가는 사랑 어디 있으랴

젖지 않고 피는 꽃이 어디 있으랴

이 세상 그 어떤 빛나는 꽃들도

다 젖으며 젖으며 피었나니

바람과 비에 젖으며 꽃잎 따뜻하게 피웠나니

젖지 않고 가는 삶이 어디 있으랴

「흔들리며 피는 꽃」, 도종환

❶ 예문을 읽을 때 말막힘이 몇 번 있었는지 세어보자. (회)

❷ 말이 막히거나 발음이 안 되었던 단어를 원고에 표시해보자.

❸ 호흡이 밖으로 나왔는지 안으로 먹어 들어갔는지 살펴보자.

❹ 말의 스피드는 적정했는지 들어보자.

❺ 단어가 서로 엉키지 않게끔 리듬을 넣어 말했는지 들어보자.

말이 잘 나온다고 해서 급하게 말하다 보면 곧장 여유가 사라지고 실수를 하게 된다. 마음을 편안히 다잡고 말 중간에 쉬는 연습을 꾸준히 한다면 말할 때 자연스럽게 힘을 주거나 빼는 기술을 익히게 된다. 단어를 쪼갠 뒤 말끝의 힘을 빼주는 것을 잊지 말자.

동그란 목소리
연습법

　말막힘은 말의 리듬감, 즉 말투가 일자톤이기에 발생한다. 그렇기 때문에 말에 리듬이 있는 사투리를 쓰면서 말더듬이 있는 사람은 흔치 않다. 말더듬이 심한 사람이 노래를 부를 때는 말을 더듬지 않는 것도 바로 이 때문이다.

　목소리를 동그랗게 한다는 것은 중요한 단어의 첫음절에 악센트를 주는 것이다. 첫음절에 악센트를 주며 소리를 강하게 위로 올려준다. 이때 소리의 시작점이 어디인지 잊지 말아야 한다. 소리의 시작점이 절대 목이 되어서는 안 된다. 채누보 원칙에 맞춰 숨을 배에 채운 다음 입 위로 끌어 올려야 한다. 즉 동그란 목소리의 시작은 목이 아니라 배근육이다. 그리고 나서 말끝의 톤을 살짝 내려주자. 말끝이 올라가면 말의 품격은 현저히 떨어진다. 말끝을 아래로 살짝 내려주면서 감싸주면 훨씬 더 자신감 있으면서도 편안한 목소리가 나온다. 우리말은 첫음절에 악센트를 주면 단어에 대한 연상효과가 좋아지기 때문에 자연스럽게 말의 전달력도 높아진다. 단어를 쪼갠 다음 첫음절에 강한 악센트를 주고 말끝을 아래로 내려주는 느낌으로 소리를 내보자.

〈동그란 목소리로 읽기〉

공부든/ 일이든/ 취미든/ 정말/ 필요한/ 물건들을/ 정리해/ 보면/ 대개/ 20가지/ 이내로/ 정리된다./ 그 이상/ 넘어가면/ 물건을/ 어디에/ 두었는지/ 파악하는/ 능력이/ 떨어지게/ 된다./ 파악할 수/ 있는/ 것보다/ 많은/ 물건을/ 가지고/ 있으면/ 그때그때/ 떠올려/ 바로/ 쓸 수/ 있는/ 상태가/ 되지/ 못한다./

자주/ 사용하는/ 물건은/ 책상에/ 앉았을 때/ 곧바로/ 꺼낼 수/ 있도록/ 배치해/ 두어야/ 하는데,/ 그것이/ 어디에/ 있는지/ 파악하지/ 못한/ 상태에서는/ 물건을/ 찾는 데에/ 시간과/ 노력을/ 허비하게/ 된다./ 게다가/ 20종류가/ 넘는/ 물건을/ 효율적으로/ 배치할/ 만한/ 장소를/ 확보하기도/ 쉽지/ 않다./

『하루 27시간』, 다카시마 미사토 지음, 윌컴퍼니

❶ 예문을 읽을 때 말막힘이 몇 번 있었는지 세어보자. (　　　회)

❷ 말이 막히거나 발음이 안 되었던 단어를 원고에 표시해보자.

❸ 호흡이 밖으로 나왔는지 안으로 먹어 들어갔는지 살펴보자.

❹ 말의 스피드는 적정했는지 들어보자.

❺ 단어가 서로 엉키지 않게끔 리듬을 넣어 말했는지 들어보자.

　　말더듬을 고치는 데는 리듬감이 가장 중요하다. 평소 일자톤으로 말하던 사람이 동그랗게 말하려고 하면 처음에는 낯설고 어색할 수도 있다. 어떤 목소리가 더 듣기 편한지 궁금하다면 일단 녹음을 해보자. 녹음해 들어보면 평소 말투와 첫음절에 악센트를 주고 말끝을 내리는 말투 중 어느 것이 더 품격있고 안정적인지 알 수 있다. 과도하게 리듬감을 만들수록 더욱 좋다. 조금 어색하게 느껴지더라도 참자.

강약 프라서디
연습법

말에 리듬을 넣을 때 강하게 말해줘야 하는 단어들이 있다. 강조하고 싶은 단어나 소리가 들려야 문맥적으로 이해가 되는 단어, 어려운 뜻을 가지고 있는 단어 등이다. 이러한 단어는 강하게 힘을 줘서 읽어야 하는데 이를 핵심 프라서디(prosody)라고 한다. 프라서디는 '운율'이라는 뜻으로, 문장을 말할 때 강약을 넣어 강조하고자 하는 메시지를 명확히 드러내는 것을 말한다. 문장의 어느 부분에 강한 프라서디를 넣어주느냐에 따라 메시지가 달라진다.

소리가 작은 사람들이나 목소리가 단조로운 사람들은 대부분 프라서디 없이 단조롭게 말한다. 핵심 메시지에 따라 강조해서 말하고자 하는 곳에 강약의 프라서디를 자연스럽게 넣는 다면 말의 전달력이 훨씬 좋아진다.

훈련 방법

❶ 숨을 배까지 채운 다음 배근육을 조절해 숨을 많이 빼고 적게 빼는 과정을 연습한다.

❷ 문장에서 가장 강조하고 싶은 내용을 체크한다. 어떤 내용을 강하게 말해야 할지 구분하기 어렵다면 소리 내 읽어본다. 이해하기 어려운 어휘도 표시한다. 어려운 뜻의 어휘는 강하게 말해줘야 신뢰감이 생긴다. 숫자와 지명, 인명, 뒷말을 수식해주는 앞 단어도 강하게 말해주면 좋으니 표시한다.

❸ 문장을 읽으며 표시한 단어를 말해줄 때는 배근육을 강하게 눌러 호흡을 많이 빼준다. 약하게 발음해야 하는 단어에서는 숨을 적게 빼준다.

❹ 호흡의 양을 생각하며 한 호흡으로 긴 문장을 안정감 있게 말한다.

🔊 훈련 예문

〈강약 프라서디 연습 1〉

그가 이 가방을 제인에게 주고 있다.

(다른 사람이 아니라 '그'가 가방을 주는 것)

그가 **이 가방을** 제인에게 주고 있다.

(그가 다른 것이 아니라 '가방'을 주는 것)

그가 이 가방을 **제인에게** 주고 있다.

(그가 이 가방을 다른 사람이 아닌 '제인'에게 주는 것)

그가 이 가방을 제인에게 **주고 있다.**

(그가 이 가방을 제인에게 받는 것이 아니라 '주고' 있는 것)

❶ 예문을 읽을 때 말막힘이 몇 번 있었는지 세어보자. (회)

❷ 말이 막히거나 발음이 안 되었던 단어를 원고에 표시해보자.

❸ 호흡이 밖으로 나왔는지 안으로 먹어 들어갔는지 살펴보자.

❹ 말의 스피드는 적정했는지 들어보자.

❺ 단어가 서로 엉키지 않게끔 리듬을 넣어 말했는지 들어보자.

배근육을 수축시켜 진하게 표시된 단어를 강하게 소리 내주자. 그럼 메시지의 의미가 훨씬 더 잘 전달된다. 이렇게 문장의 어느 부분에 프라서디를 주는지에 따라 메시지의 의도가 달라진다. 한편 반드시 강하게 악센트를 넣어 강 프라서디를 줘야 하는 것이 있다. 단어의 첫음절, 문장에서 중요한 내용, 숫자, 지명, 인명 등이다.

훈련 예문

〈강약 프라서디 연습 2〉

보통 휘발유의 주유소 평균 판매가격이 100일 연속 올랐습니다. 한국석유공사에 따르면 보통 휘발유의 전국 평균 가격은 지난해 10월 10일 이후 이달 17일까지 100일 동안 하루도 빠짐없이 올랐습니다.

MBN뉴스 「휘발유 100일 연속 상승…사상 최장」

말더듬 체크 리스트

❶ 예문을 읽을 때 말막힘이 몇 번 있었는지 세어보자. (회)

❷ 말이 막히거나 발음이 안 되었던 단어를 원고에 표시해보자.

❸ 호흡이 밖으로 나왔는지 안으로 먹어 들어갔는지 살펴보자.

❹ 말의 스피드는 적정했는지 들어보자.

❺ 단어가 서로 엉키지 않게끔 리듬을 넣어 말했는지 들어보자.

문장에서 중요한 역할을 하는 단어인 '휘발유, 평균, 판매, 올랐습니다, 빠짐없이', 숫자인 '100일, 10월 10일, 17일까지, 100일 동안' 등과 어려운 단어인 '한국석유공사'에 악센트, 즉 강 프라서디를 넣으면 된다.

프라서디를 강하게 넣어줄 때는 확실히 크게, 약하게 넣어줄 때는 확실히 작게 소리 낸다. 강하게 소리를 낸다고 생각하고 말하더라도 실제로는 생각처럼 크지 않다. 프라서디의 강약이 명확히 드러나려면 과하다 싶을 정도로 크게 강약을 표현해줘야 한다.

평소 말할 때는 말에 리듬감이 있으나 사람들 앞에 나와서 말하면 일자톤으로 변하는 사람들이 있다. 또는 말 안에 마음이 실리지 않는 사람들도 많다. 이제 말이 아닌 마음을 말하자. 그러려면 문장 안에 마음을 담을 수 있는 강 프라서디를 연습해보자. 프라서디를 자유자재로 적용한다면 강조하고자 하는 바가 자연스레 목소리 안에 드러날 것이다.

말더듬 트레이닝 체크 리스트

순서	트레이닝	O	시간
1	말 중간에 쉬기 훈련		
2	시 낭송 훈련		
3	동그란 목소리 연습법		
4	강약 프라서디 연습법		

🕐 총 연습시간

☑ 특이사항

트레이닝을 하며 느낀 목소리의 변화를 생각해보고,
앞으로 보완할 점을 적어보세요.

YES

말더듬 트레이닝 6일 차

말 안에
리듬을 넣어라

영화 '킹스 스피치'에 말을 더듬는 왕 조지 6세가 말더듬을 극복하기 위해 노래 부르듯 말을 하는 장면이 나온다. 노래 부르듯 말하기는 말더듬 극복에 아주 효과적이다. 노래 부르듯 말하게 되면 숨이 앞으로 밀어져서 나오게 되고, 뚝뚝 끊기던 숨이 자연스럽게 이어서 나오기 때문이다. 리듬 만들기는 말할 때 적당한 긴장을 해서 소리를 밀어내는 것이니 그냥 숨을 빼거나 과한 힘을 줘서 말을 더듬는 사람들에게 특효약이 될 것이다.

그런데 이왕이면 리듬을 넣어 말할 때 아나운서의 신뢰감 있는 리듬감, 쇼핑호스트의 밝고 긍정적인 에너지 넘치는 리듬감으로 말하면 더 좋지 않을까? '말더듬을 고치는 것'이 아니라 '아나운서 뺨치게 말하는 것'을 목적으로 삼아야 더 좋은 결과를 만들 수 있다.

호흡 끌어 올리기
훈련

호흡이 떠 있다면 말하는 톤이 올라가게 되고 호흡도 불안정해져 말을 더듬게 된다. 그럼 말을 더듬는 사람들은 계속 낮은 톤으로만 말해야 하는가? 아니다. 사실 타인 앞에서 말을 할 때는 목소리가 평소 톤보다 올라간다. 그래서 무조건 낮은 톤으로 말하기보다는 높은 톤에서도 더듬지 않고 잘 말할 수 있는 방법을 익혀야 한다. 높은 톤에서도 안정감 있게 발화할 수 있도록 높은 음의 음역대를 뚫어버리는 것이다.

6일 차 트레이닝에서는 안정된 말하기, 낮은 호흡에서 벗어나 높은 호흡으로 길게 말하는 훈련을 해보자. 그럼 발표할 때나 대화할 때 톤이 올라가더라도 말을 더듬지 않게 될 것이다.

그리고 전체적인 톤뿐만 아니라 톤의 변조를 집중 훈련해보자. 변조는 말하는 중간에 톤의 높낮이를 조절하는 것으로, 변조를 넣게 되면 훨씬 다양한 리듬감을 표현하며 말할 수 있다.

톤을 높일 때는 '호흡 이어 붙이기'만 기억하면 된다. 그냥 확 높여서 소리를 내는 것이 아니라 아래에서 위로 길게 이어 붙이면서 톤을 올려주는 것이다. 예를 들면 "한국"이라고 말할 때 톤을 한 번에 높여서 말하지 않고, "하아안국"이라고 길게 소리 내며 단어의 톤을 조금씩 높인다.

단어를 동그랗게 말하면 자연스럽게 첫음절 '한'에 악센트를 주게 되고, '국'이라는 끝음절을 내리게 되면서 전달력이 좋아진다. 이렇게 치즈를 늘리듯 단어를 위로 쭉 늘려주면 훨씬 생동감 있는 리듬이 완성된다. 또한 음절의 톤이 서로 겹치지 않기 때문에 말도 이전보다 훨씬 더듬지 않게 된다. 이게 바로 '호흡 끌어 올리기'다.

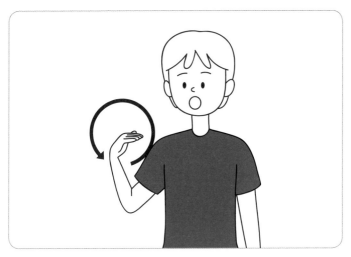

〈손동작을 동그랗게 하는 모습〉

　다음 예문을 쪼개서 단어 안에 동그라미를 넣어준다고 생각하며 읽어보자. 첫음을 끌어 올리고 뒷음은 살짝 내려준다. 이때 손동작을 함께 사용하면 좋다. 안에서 밖으로 동그라미를 그리며 지휘하듯 손을 움직인다. 손동작을 사용하면 소리가 동그랗게 더 잘 나올 것이다. 목소리와 보디랭귀지는 항상 함께하는 짝꿍이다. 보디랭귀지가 크면 목소리도 크게 나오고, 목소리가 크면 보디랭귀지도 커진다. 동그란 목소리가 잘 나오지 않는다면 손을 동그랗게 안에서 밖으로 말아보자.

〈동그라미 그리며 호흡 끌어 올리기〉

세상에/ 바꿀 수 없는/ 두 가지가 있다./ 바로/ 타인과/ 과거다./ 과거에/ 받아/ 현재까지/ 남아 있는/ 상처는/ 누구나/ 괴롭다./ 그리고/ 잊기/ 힘들다./ 안타깝지만/ 과거는/ 바꿀 수도,/ 지울 수도 없다./

          ……

"다 지나간 일이야./ 지금은/ 괜찮아./ 나는/ 지금/ 안전해"라고/ 소리 내/ 알려주자./

          ……

하루/ 100번씩/ 꾸준히/ 들려/줘야/ 한다./ 입으로/ 소리를/ 내어/ 귀가/ 듣도록,/ 계속./ 그래야/ 귀/ 세포가,/ 심장/ 세포가,/ 안면/ 근육이/ 그 사실을/ 깨/닫는다./

『자존감 수업』, 윤홍균 지음, 심플라이프

🗣 말더듬 체크 리스트

❶ 예문을 읽을 때 말막힘이 몇 번 있었는지 세어보자. (회)

❷ 말이 막히거나 발음이 안 되었던 단어를 원고에 표시해보자.

❸ 호흡이 밖으로 나왔는지 안으로 먹어 들어갔는지 살펴보자.

❹ 말의 스피드는 적정했는지 들어보자.

❺ 단어가 서로 엉키지 않게끔 리듬을 넣어 말했는지 들어보자.

긴장톤
훈련

말더듬을 가지고 있는 사람들 가운데 "의식하면 말이 잘 안 나와요."라고 말하는 사람들이 있다. 의식한다는 것은 앞에 있는 사람이나 환경에 신경을 쓴다는 의미로, 이러한 사람들은 심리적인 압박감 때문에 말더듬이 생긴다. 반대로 "의식하면 말이 잘 나와요."라고 말하는 사람들도 있다. '말을 더듬지 말아야지.' '리듬을 넣어 천천히 말해야지.'라고 생각하면 말이 잘 나온다는 뜻인데, 이러한 사람들은 기술적인 이유로 말더듬이 생긴 경우다. 전자와 후자 모두에게 좋은 말더듬 치료법을 소개하겠다. 바로 '긴장톤' 훈련이다.

사람은 의식하는 순간 호흡이 올라가며 톤도 따라서 함께 올라가게 된다. 특히 평소 톤이 높은 사람들은 편하게 말할 때는 호흡이 차분히 아래로 내려가지만 의식함과 동시에 평소처럼 하이톤으로 올라가 말이 안 나올 수 있다. 이런 습관이 있다면 평소에 꾸준히 긴장톤을 훈련해보자. 긴장톤은 긴장할 때 올라간 목소리처럼 높은 톤을 뜻한다. 지금까지는 톤을 낮게 해서 연습했다면 이제는 톤을 높여서 발성해보자. 톤을 높인다고 해서 음을 확 올리는 것은 금물이다. 물을 길어 올리듯 소리도 아래에서 위로 천천히 끌어 올리는 것이 중요하다.

말을 더듬지 않기 위해서 몸에 힘을 빼라는 코치들이 많다. 아니다. 오히려 의식하며 힘을 줘서 긴장을 유지해야 한다. 몸의 전체적인 힘은 빼지만 소리를 내야 하는 기본 근육에는 힘을 줘야 한다. 숨을 많이 담고 앞으로 밀어내는 데는 많은 힘이 필요하다. 무조건 힘을 빼서 말하면 오히려 소리를 밀어내는 힘이 없으므로 말을 더듬게 된다.

긴장톤을 유지하며 소리를 내보자. 그리고 이전에 연습했던 호흡 이어 붙이기를 결합해보자. 긴장톤을 유지하며 소리를 내되 중간에 숨을 들이마시지 않고 계속 뱉으면서 연습하는 것이다. 발성과 호흡이 동시에 좋아진다.

〈크래시아 긴장톤 훈련〉

크래시아 발음법으로 호흡 이어 붙이기를 연습한다. 첫 단어는 가장 낮은 톤으로 시작하고 뒤의 단어로 넘어갈수록 톤을 조금씩 올리며 호흡을 이어 붙인다. 톤이 올라갈수록 호흡은 더 깊어진다. 각 단어를 '도레미파솔라시도' 음계로 소리를 낸다. 먼저 자신이 낼 수 있는 가장 낮은 톤으로 시작하고 조금씩 음을 이어서 붙여본다.

(도) 로얄~

(레) 쥬피탈~

(미) 셀레우~

(파) 푸랜~

(솔) 깅강~

(라) 바시~

(시) 페레~

(도) 파라~

(도) 로얄 막파 싸리톨

(레) 쥬피탈 캄파 큐을와

(미) 셀레우 아파쿠사

(파) 푸랜 마네푸 슈멘헤워제

(솔) 깅강후리와 디다스코

(라) 바시레이아 게겐네타이

(시) 페레스테란 포로소 폰

(도) 파라클레세오스 쏘테라이스

소리에 빈 공간이 생겨서는 안 된다. 소리를 가볍게 띄우지 말고 음폭을 늘린다는 느낌으로 끌어 올려야 한다. 각 문장의 마지막 소리를 내고 나서 20초간 버텨준다. 높은 음으로 갈수록 20초간 더 소리 내기가 어렵겠지만 끝까지 버티도록 노력해보자. 녹음한 것을 들으면서 어느 음부터 소리가 안 나오고 흔들렸는지 체크하자. 높은 음으로 갈수록 배가 당기고 힘이 들어야 한다.

말더듬이 있는 사람들은 주로 배에 힘을 주지 않고 목으로 톤을 만든다. 그러나 목으로 톤을 만들면 속이 텅 빈 소리가 난다. 배근육을 수축하면서 배에서부터 소리가 시작되어야 공명이 가득한 좋은 목소리가 난다. 그러니 입이 아닌 배에 힘을 주도록 항상 주의하자.

말더듬 치료법 가운데 배를 수축해서 소리를 내지 않고 오히려 배를 튕기면서 소리를 내는 방법이 있다. 이는 흉식호흡을 이용한다는 것인데, 낮은 톤뿐만 아니라 높은 톤도 흉식이 아닌 복식으로 아래에서 위로 숨을 길어내야 한다. 그래야 안정감 있고 튼튼한 소리가 나온다. 흉식호흡과 복식호흡 두 소리를 녹음해서 비교해보면 어떤 소리가 더 좋은지 명확히 알 수 있다. 배를 튕기면서 내는 소리는 안정감이 없고 오히려 목에 부담을 준다.

리듬 스피치
훈련

말을 잘하는 사람들은 목소리에 리듬감이 있어 일자톤으로 지루하게 말하지 않는다. 말하면서 자연스럽게 프라서디가 입혀지고 리듬감이 생긴다. 이를 '리듬 스피치'라고 한다.

리듬 스피치를 구사하면 어조가 일자톤으로 나오지 않고 생동감 넘친다. 또한 리듬감이 생기므로 앞뒤 단어가 서로 엉키지 않아 말이 더 술술 나온다. 자연스럽게 말의 강약이 형성되므로 전달력도 높아진다. 가장 좋은 것은 한 호흡으로 강하고 약하게 말할 수 있어 전체적으로 호흡이 아껴진다.

리듬 스피치를 잘하기 위해서는 SAS(Segmentation-Accent-Sing a song)법칙을 기억해야 한다. 그 첫 번째 방법은

'쪼개기(segmentation)'다. 단어를 모두 쪼갠다. 발음이 잘 안 되는 단어를 쪼갤수록 발음하기 더욱 편해진다. 예를 들어 '빠짐없이'라는 말을 '빠짐/없이' 이렇게 쪼개면 말이 수월하게 나온다. 쪼개기에 유의하며 다음 예문을 읽어보자.

훈련 예문
〈쪼개서 읽기〉

보통/ 휘발유의/ 주유소/ 평균/ 판매/가격이/ 100일/ 연속/ 올랐습니다./ 한국/석유/공사에/ 따르면/ 보통/ 휘발유의/ 전국/ 평균/ 가격은/ 지난해/ 10월/ 10일/ 이후/ 이달/ 17일/까지/ 100일/ 동안/ 하루도/ 빠짐/없이/ 올랐습니다./

MBN뉴스 「휘발유 100일 연속 상승…사상 최장」

두 번째 방법은 '악센트 주기(accent)'다. 앞서 쪼갠 단어의 첫음절에 악센트를 주면 발음이 명료하게 잘 들리게 되면서 단어에 대한 이해도가 올라간다. 그리고 말하고자 하는 문장에서 의미가 꼭 전달되어야 하는 단어나 이해하기 어려운 단어, 인명, 지명, 숫자는 강조해서 읽어줘야 한다.

다음 훈련 예문은 문장에서 중요한 단어에 악센트를 준 것이다. 문장의 중심단어, 수식단어(형용사, 부사), 숫자는 강하게 읽어준다. 또한 이해하기 어려운 단어에도 악센트를 넣어 전달력을 높여준다. 해당 기사에서 중요한 역할을 하는 단어인 '휘발유, 평균, 판매, 올랐습니다, 빠짐없이'와 숫자인 '100일, 10월 10일, 17일까지, 100일 동안', 그리고 중요한 단어이자 어려운 단어인 '한국석유공사'에 악센트를 넣는다.

🔊 훈련 예문
〈악센트 넣어 읽기〉

보통 휘발유의 주유소 평균 판매가격이 100일 연속 올랐습니다. 한국석유공사에 따르면 보통 휘발유의 전국 평균 가격은 지난해 10월 10일 이후 이달 17일까지 100일 동안 하루도 빠짐없이 올랐습니다.

MBN뉴스 「휘발유 100일 연속 상승…사상 최장」

마지막 방법은 바로 '노래 부르듯 말하기(sing a song)'다. 음

성학자들은 가장 좋은 목소리를 '동그란 목소리'라고 말한다. 단어 자체가 동그랗게 표현되는 목소리를 의미하는데, 이런 동그라미가 모여 하나의 리듬을 형성하는 것이 '리듬 스피치'다. 목소리로 동그라미를 그리듯 노래 부르는 것처럼 부드럽게 호흡을 이어주는 말하기 방식이다. 단어를 쪼개고 악센트를 넣으며 호흡을 이어주면서 노래 부르듯 예문을 읽어보자.

🔊 **훈련 예문**
〈노래 부르듯 읽기〉

보통 휘발유의 주유소 평균 판매가격이 100일 연속 올랐습니다. 한국석유공사에 따르면 보통 휘발유의 전국 평균 가격은 지난해 10월 10일 이후 이달 17일까지 100일 동안 하루도 빠짐없이 올랐습니다.

MBN뉴스 「휘발유 100일 연속 상승…사상 최장」

SAS법칙을 기억하면서 리듬을 넣어 다음의 예문을 말해보자. 단어를 쪼개고, 문맥상 강조해야 하는 단어에는 힘을 주고 노래를 부르듯 리듬을 넣는다.

훈련 예문

〈SAS법칙으로 읽기 1〉

인생에는/ 빛나는/ 순간만/ 있지/ 않습니다./ 그럼에도/
영혼의/ 어두운/ 밤을/ 통과/할 때,/ 새벽/으로/ 가는/ 길
이/ 열립니다./

......

분명한/ 사실은/ 그/ 밤을/ 겪어야/ 새벽/ 여명을/ 발견/
할 수/ 있다는/ 것입니다./ 그 빛으로/ 나가는 데/ 도와/
주는/ 것이/ 기도/라고/ 생각/합니다./

......

겸손/하면/ 감사/하게/ 됩니다./ 모든 것을/ 신뢰/하고/
다른 /사람에/ 대한/ 배려도/ 하게 /됩니다./ 절대로/ 건
방/져서는/ 안 되지요./ 설사/ 탁월한/ 재능이/ 있더라
도/ 자기/보다/ 못한/ 사람의/ 마음을/ 헤아리며/ 그들
을/ 끌어/ 올려/ 함께/ 가는/ 노력을/ 해야/ 합니다./

『인생에서 가장 소중한 것』, 이태형 지음, 좋은생각

❶ 예문을 읽을 때 말막힘이 몇 번 있었는지 세어보자. (회)

❷ 말이 막히거나 발음이 안 되었던 단어를 원고에 표시해보자.

❸ 호흡이 밖으로 나왔는지 안으로 먹어 들어갔는지 살펴보자.

❹ 말의 스피드는 적정했는지 들어보자.

❺ 단어가 서로 엉키지 않게끔 리듬을 넣어 말했는지 들어보자.

〈SAS법칙으로 읽기 2〉

어떤/ 사람들은/ 자신이/ 하는/ 일이/ 제대로/ 선택된/ 것인지/ 아닌지를/ 계속/ 반추하며/ 시간을/ 보낸다./ 선택의/ 적합성/ 여부를/ 분명히/ 하려는/ 것으로/ 인생의/ 대부분을/ 보내는/ 사람도/ 있다./

어느/ 정도의/ 수양을/ 거치고/ 적당한/ 지적/ 훈련을/ 받은/ 사람이/ 하나의/ 지향점을/ 발견하고/ 자신의/ 인생을/ 거기에/ 투입/해도/ 좋겠다는/ 결정을/ 내렸/다고/ 해보자./ 그가/ 정말로/ 고려/해야/ 할/ 무엇인가가/ 따로/ 있겠는가?/ 나는/ 따로/ 더/ 고려해야/ 할 것이/ 없다고/ 본다./ 거기에/ 몰입/하는/ 일 외에/ 따로/ 고려할/ 것은/ 존재하지/ 않는다./ 문제가/ 등장/한다면/ 그것은/ 자신이/ 책임/지거나/ 감당/하면/ 된다./ 내가/ 하고/ 싶은/ 그것이/ 우연한/ 객기에서/ 나온/ 게/ 아니라/ 어느/ 정도의/ 단련을/ 거쳐서/ 나온/ 판단/이라면,/ 그다음은/ 좌고/우면/할 것이/ 없다./ 그냥/ 하면/ 된다./

자기가/ 선택한/ 길이/ 맞는/ 길인지/ 아닌지를/ 고민/하기/보다는/ 자기가/ 선택한/ 길을/ 스스로/ 맞는/ 길이라고/ 확신/하고/ 견지/하는/ 일이/ 더/ 중요/하다./ 조금/ 하다가/ 힘들면/ 혹시/ 내게/ 안/ 맞는/ 길이/ 아닌가/ 하고/ 계속/ 고민/하는/ 일은/ 일견/ 진실한/ 태도처럼/ 보일 수/ 있지만,/ 전혀/ 그렇지/ 않다./ 그것은/ 게으름과/ 나약함의/ 다른/ 표현일/ 뿐이다./ 물론/ 이는/ 그 선택이/ 자신의/ 진실한/ 내면에서/ 나온 것/이라는/ 점을/ 전제하고/ 하는/ 말이다./

『탁월한 사유의 시선』, 최진석 지음, 21세기북스

❶ 예문을 읽을 때 말막힘이 몇 번 있었는지 세어보자. (회)

❷ 말이 막히거나 발음이 안 되었던 단어를 원고에 표시해보자.

❸ 호흡이 밖으로 나왔는지 안으로 먹어 들어갔는지 살펴보자.

❹ 말의 스피드는 적정했는지 들어보자.

❺ 단어가 서로 엉키지 않게끔 리듬을 넣어 말했는지 들어보자.

　말더듬을 극복하는 가장 좋은 방법은 말 안에 리듬감을 넣는 것이다. 리듬 없이 한 가지 톤으로 쭉 말하면 단어와 단어가 서로 부딪히며 말을 더듬게 된다. 처음에는 리듬을 넣어 말하는 것이 어색하겠지만, 리듬을 넣어 말한 것을 녹음해서 한번 들어보면 평조로 말하는 것보다 훨씬 안정적으로 느껴질 것이다. 자신의 목소리는 객관적으로 듣지 못한다는 사실을 잊지 말자. 자신의 귀를 의심하고 대신 녹음된 목소리를 신뢰하면 원포인트 레슨으로 목소리를 개선할 수 있다.

샤우팅 이어 붙이기
훈련

리듬을 연습했다면 지금부터는 리듬과 높은 톤 연습을 함께 할 수 있는 '샤우팅 이어 붙이기' 훈련을 해보자. 높은 톤으로 소리를 샤우팅하고 그 안에 리듬을 넣어 이어 붙인다. 설명만 들으면 어렵게 느껴지지만 동영상을 보면 훨씬 더 쉽게 이해할 수 있을 것이다. 훈련 뒤에는 발표나 대화를 할 때 톤이 조금 올라가도 말이 술술 나오게 될 것이다. 실제로 이 훈련을 하고 이렇게 말하는 사람들이 많다. "신기하게 말이 너무 잘나와요. 요즘에는 말할 때 90% 이상 말을 더듬지 않습니다."

평소에 자신이 내던 목소리 톤보다 한 톤이나 두 톤을 높여서 말한다. 톤을 높일 때 목소리만 크게 내는 게 아니라, 치즈 늘리듯 호흡을 아래에서 위로 이어 붙이며 끌어 올려야 한다.

목소리의 톤을 높이고 리듬을 만들어 연습하되 중간에 호흡을 멈추거나 들이마시지 않고 내뱉는다. 소리가 안 나더라도 참을 수 있을 때까지 숨을 뱉어낸다.

🔊 훈련 예문
〈샤우팅 이어 붙이며 읽기〉

꿈을 크게 꾸면서 동시에 현실감각을 유지하는 것이 중요합니다. 어떤 상황에서도 꿈과 현실 두 가지를 잊지 말아야 합니다. 희망은 원대하지만 현실을 제대로 고려하지 않는 사람은 판타지 세계에서 살다가 인생을 끝마치게 됩니다./ 현실을 받아들이기만 하고 꿈을 키우지 않으면 평범한 일상에서 무력하게 살다 인생을 마치게 됩니다. 꿈을 소중하게 키워나가면서 현실감각을 잃지 않는 사람은 창조적 영혼이 꿈을 펼칠 수 있는 힘을 얻습니다. 이런 사람만이 고된 현실의 어려움 속에서도 창조적 영감을 잉태하고 현실에서 구현할 수 있습니다./

......

현실성 없는 꿈으로 가득 찬 판타지 세계에 사는 사람이 있습니다. 그는 쓰지도 않은 영화 시나리오에 최고 유명 배우들이 출연하는 꿈을 꾸고, 쓰지도 않은 시를 현존하는 어떤 시들보다 뛰어나다고 믿으며, 검증되지 않은 발명품으로 특허 인정을 받아 엄청난 돈을 벌어들일 거라고 상상합니다./ 시나리오를 쓰기는 했지만 유명한 감독에게 보이려고 시도하는 중이거나, 시를 쓰기는 했지만 지난 20년간 시를 출판한 적이 한 번도 없는 출판사 편집장에게 보냈다거나, 발명품을 만들어 검증해보기는 했지만 투자은행에서 연락이 올 때까지 막연히 기다리기만 하는 사람도 있습니다. 모두 바람직하지 않습니다./

『나만 모르는 나의 가능성』, 에릭 메이즐 지음, 생각속의집

❶ 예문을 읽을 때 말막힘이 몇 번 있었는지 세어보자. (회)

❷ 말이 막히거나 발음이 안 되었던 단어를 원고에 표시해보자.

❸ 호흡이 밖으로 나왔는지 안으로 먹어 들어갔는지 살펴보자.

❹ 말의 스피드는 적정했는지 들어보자.

❺ 단어가 서로 엉키지 않게끔 리듬을 넣어 말했는지 들어보자.

샤우팅 이어 붙이기 방법으로 하루에 원고 2, 3개씩만 읽어보자. 아마 깜짝 놀랄 정도로 말의 체력이 좋아질 것이다. 평소에 말할 때는 숨을 쉬며 중간에 끊어서 말하지만, 연습할 때는 가급적 호흡을 멈추거나 들이마시지 말고 계속 뱉으면서 연습해야 한다. 강력한 말의 체력 호흡을 만들어보자. 이때 입을 바르미나 나무젓가락으로 벌려주면 더욱 좋다. 앞서 훈련했던 허리를 숙여 연습하는 자세 또한 몸의 코어근육, 공명점을 자극해 좋은 효과를 볼 수 있다.

말더듬 트레이닝 체크 리스트

순서	트레이닝	O	시간
1	호흡 끌어 올리기 훈련		
2	긴장톤 훈련		
3	리듬 스피치 훈련		
4	샤우팅 이어 붙이기 훈련		

🕐 총 연습시간

☑ 특이사항

6DAY

앞으로의 다짐

트레이닝을 하며 느낀 목소리의 변화를 생각해보고,
앞으로 보완할 점을 적어보세요.

YES

말더듬 트레이닝 7일 차

긍정적인
자기대화를 시도하라

말더듬이 있는 사람들은 말해야 하는 상황에 말이 나오
지 않아 당황스러움을 겪는다. 이런 상황이 반복되면 무
력감을 느끼기도 한다. 말하고 싶을 때 말하지 못하는 상
황이 반복되면 "내 의지로는 아무것도 할 수 없어. 나는
내 말을 컨트롤할 수 없어."라고 무기력하게 생각하게 된
다. 이러한 부정적인 자기 평가는 자신을 더욱 위축시켜
말더듬을 더 강화시킨다.

이 증상이 계속되면 "난 말더듬에서 빠져나갈 수 없어.
말더듬은 앞으로 내 인생에서 쭉 계속될 거야. 내 인생은
망했어."라고 자포자기하며 '말더듬의 족쇄'를 만들어버
린다. 이런 생각이 들 때 자기 자신에게 크게 말해보자.
"말더듬, 나는 너에게 지지 않아. 너는 나를 통제할 수 없
어. 난 반드시 말더듬을 극복할 거야."

자기 목소리
경청하기

나는 어렸을 적부터 말을 심하게 더듬었지만 다행히도 나 자신과의 대화가 부정적이지는 않았다. 어른들은 내게 자주 "너 왜 말을 그렇게 하니? 천천히 좀 말해. 왜 말을 더듬어?"라고 말했지만, 단순한 성격이었던 나는 그 말을 대수롭지 않게 생각했었다.

그런데 초등학교 4학년 때 어머니가 담임선생님과 상담하는 것을 엿듣게 되었다. 내 말더듬에 대해 심각하게 고민하는 두 사람의 모습을 보며 '아, 내가 지금 심각한 병에 걸렸구나.'라고 인지하게 되었다. 그 후로 담임선생님은 매일 내게 아이들 앞에서 동화구연을 하게 시켰다. 대본을 집에 두고 왔다고

선생님께 혼날까 조마조마했던 기억, 아이들 앞에서 말하는 게 너무 싫었던 기억들이 아직도 머릿속에 남아 있다. 하지만 참으로 다행이었던 것은 친구들과 놀이터에서 뛰어놀고, 좋아하는 음악을 듣고, 글쓰기를 할 때 말더듬이 크게 문제가 되지 않았다는 것이다. 그렇게 생각할 수 있었던 것은 바로 '긍정적인 자기대화' 덕분이다.

사람들은 대화라고 하면 타인과의 대화, 서로 얼굴을 보고 말하는 것을 떠올린다. 하지만 관계의 대화만큼이나 더 중요한 대화가 있다. 바로 나 자신과의 대화다. 자신 스스로를 지치게 하는 사람이 있다. '나는 안 될 거야. 해봤자 소용없어. 나는 아무것도 할 수 없어. 너무 지치고 힘들어.' 자신을 향해 이렇게 말하면 더 힘들어지고 지칠 뿐이다. "인생은 무슨 일이 있냐보다는 그 일을 어떻게 해석했느냐에 달려 있다."라는 말이 있다. 말더듬에 대해서 부정적인 자기대화를 나누는 사람은 말더듬을 숨기기에 급급하다. 하지만 말더듬을 인정하고 수용하고 하나씩 바꿔나가는 사람에게는 말더듬 극복이라는 희망이 있다.

내가 말더듬으로 고민하던 시절, 만약 말을 더듬는 티가 나지 않도록 침묵하고 목소리를 작게 냈다면 지금의 나는 없었을 것이다. 나는 말더듬을 극복할 때 나만의 확고한 자기대화가 있었다. '나는 아나운서처럼 말할 것이다.' '다른 사람도 되는데 나라고 안 될 거 없지!' '20대에 말더듬을 극복하지 않으면 힘들어질 것이다. 30대 40대에 말더듬으로 사람들에게 무시당하면 안 된다. 반드시 나는 고친다.' 여러분은 말더듬과 관련해 어떤 자기대화를 나누고 있는가?

말더듬 트레이닝뿐만 아니라 라온제나의 첫 스피치 수업은 '내 목소리 듣기'에서부터 시작한다. 사람들은 자기 자신의 목소리를 객관적으로 인지하지 못한다. 주변 사람들에게서 말이 너무 빠르다는 피드백을 듣는 사람에게 자신의 목소리를 녹음이나 녹화해 들려주면 "제 목소리가 이렇게 빠른지 몰랐어요."라며 놀란다. 말더듬으로 고민하는 사람에게 자신이 앞에 나와 말하거나 대화하는 모습을 녹화해 보여주면 이렇게 객관적인 말을 한다. "생각보다 말을 더듬는 게 표가 안 나네요." "말더듬이 생각한 것보다 훨씬 더 심하네요." "말더듬이 문제가 아니라 톤이 너무 높고 말이 빠른 게 문제네요." 자신의 목소리를 마치 다른 사람의 목소리를 듣듯 들어보면 자신의 상태를 인정하기도, 달라지기도 쉽다.

자기 목소리를 경청하면 좋은 점

자신의 목소리를 객관적으로 듣는 데서 변화는 시작된다. 자기 목소리를 객관적으로 듣는다는 것은 청자가 되어 자기 목소리의 발음과 속도, 뉘앙스를 스스로 평가한다는 것이다.

자신의 목소리를 듣게 되면 다음과 같은 세 가지 장점이 있다. 첫째, 발음이 굉장히 명료해진다. 자기 목소리를 녹음이나 녹화해서 들어보면 청자의 입장에서 듣기 때문에 객관적인 평가를 내릴 수 있게 된다. 따라서 이야기할 때 발음을 명확하게 내고자 노력할 것이다.

둘째, 자기 목소리를 경청하게 되면 말의 속도에 안정감이 생긴다. 어려운 단어나 익숙하지 않은 단어, 곰곰이 생각해야 의미를 해석할 수 있는 말을 할 때 청자의 입장에서 생각해보기 때문에 천천히 말하게 된다. 예를 들어 "사과가 맛있어."라는 말은 빨리 해도 된다. 하지만 "사람은 왜 인생을 사는 걸까?"라는 말은 천천히 말할 때 질문의 의도가 더 명확히 전달된다. 이처럼 말의 내용에 따라 상대방의 이해를 돕기 위해 완급을 조절하게 되면서 말의 속도에 안정감이 생긴다.

셋째, '진정성'에 대한 의미를 깨달으며 스스로 대화하거나 소통할 수 있다. 자신의 목소리를 듣는다는 것은 비단 발음과 발성뿐만 아니라 말의 뉘앙스를 듣는 것이다. 상대방에게 진정성 있게 말하고 있는지, 진심의 뉘앙스가 느껴지는지 살펴보자. 진정성을 담게 되면 자연스레 긍정적인 말을 하게 된다. 아무리 부정적인 말도 개선할 수 있는 여지를 찾아 긍정적인 결론으로 끝이 난다. 예를 들어 관계에 대해 이야기할 때 "저 사람은 나쁜 사람이야."로 끝나지 않는다.

말을 더듬는 사람들이 대부분 듣는 이야기는 "왜 말에 성의가 없냐?"라는 것이다. 일자톤으로 말하다 보니 진정성을 넣을 수 있는 공간이 없다. 내 목소리 안에 '자긍따(자신감, 긍정심, 따뜻함)'가 들어 있는지 항상 확인하자.

자기대화
기록하기

기술적인 이유로 말더듬이 발생했다면 혼자서 말할 때도 더 듬어야 한다. 그러나 대부분의 말더듬은 사람들 앞에 서거나 혹은 대하기 어려운 사람과 함께 있을 때 심리적으로 불안해 져 증상이 심해진다. 중요한 발표나 보고를 해야 할 때, 입찰이나 세일즈 등의 평가를 받아야 하는 상황도 그렇다. 기술적인 원인도 있지만 심리적인 원인도 존재하는 것이다. 하지만 말을 더듬는 사람들에게 심리적인 접근법으로 트레이닝을 하려고 하면 저항감이 상당한 경우가 많다. "나의 심리는 안정적이에요. 나는 정말 행복하다고요. 그저 말이 잘 안 나올 뿐입니다." 말더듬은 행복과 불행의 이야기가 아니다. 긴장과 수축의 이야기다. 마음이 긴장하면 몸도 긴장하기 때문이다.

말을 더듬는 사람들은 불편한 환경과 어려운 사람과 함께 있을 때 마음이 긴장되어 말을 더듬게 된다. 그러고 나서 이렇게 생각한다. '아, 말을 더듬었어. 저 사람이 나를 이상하게 생각하면 어떡하지?' '나는 저 사람한테 인정받고 싶어. 잘 보여야 해.' '나는 뭘 해도 안 돼. 말을 더듬기 때문에 난 아무것도 할 수 없어.' 등등 타인의 시선을 지나치게 인식하거나 자기 자신과 부정적으로 대화한다. 이러한 부정적인 자기대화는 스스로를 더욱 작고 초라하게 만들어 계속해서 심리적인 말더듬을 만들어낸다.

그럼 어떻게 해야 할까? 정답은 '긍정적인 자기대화'다. 불안과 두려움을 만들어내는 부정적인 자기대화를 하고 있다면 이를 인지하고 그 안에서 긍정을 찾아내는 노력이 중요하다. 예를 들어 '아, 말을 더듬었네. 내가 말을 더듬는다고 사람들이 나를 이상하게 생각한다면 그건 내 문제가 아니야. 그 사람의 인성이 잘못된 거지.'라고 생각하는 식이다. 긍정이라고 해서 "나는 말더듬이 참 좋아." 이런 억지스러운 긍정을 말하라는 것이 아니다. 자기비하, 죄책감, 부끄러움, 모멸감을 느낄 수 있는 자기대화를 멈추라는 뜻이다.

긍정적인 자기대화는 자존감과 자신감을 키워 심리적인 안정감을 가져다주기 때문에 말더듬 극복에 아주 효과적이다. 말더듬뿐만 아니라 인생을 앞으로 나아가게 하는 동기부여, 인생을 더욱 멋지게 만드는 촉매제가 바로 '긍정적 자기대화'인 것은 우리도 경험을 통해 알고 있는 사실이다. 영국의 총리였던 윈스턴 처칠이 이런 말을 했다. "비관론자는 모든 기회에서 어려움을 찾아내고, 낙관론자는 모든 어려움에서 기회를 찾아낸다." 어려움이 찾아와도 그 안에서 부정이 아닌 긍정을 찾으려는 노력이 중요하다. 자신과 어떻게 대화하고 있는지 생각해보자. 긍정적으로 하고 있는가? 긍정적 자기대화가 말더듬을 극복하게 도와줄 것이다.

말더듬은 운명도 습관도 아니다. 기술과 마음 훈련을 통해 얼마든지 나아질 수 있다. 말을 더듬는 사람들이 주로 하는 부정적인 자기대화 중 하나는 '상대방이 나를 부족한 사람이라고 생각하면 어떻게 하나?'라는 것이다. 이런 부정적인 자기대화는 존재하지 않는 불안과 두려움을 만들어낸다. 이런 생각을 한번 해보자. 누군가 길을 가다가 실수로 넘어졌는데 옆에 있던 사람이 "너는 왜 이렇게 허둥지둥하는 거야. 칠칠치 못하게."라고 나무란다면 그건 넘어진 사람의 잘못인가? 아니면

"어디 다친 데는 없어?"라고 묻지 않고 오히려 덤벙댄다고 말하는 사람의 인성이 문제인가? 대부분 후자의 사람이 타인을 배려하지 않는다고 생각할 것이다. 말더듬도 같다. 말을 더듬는 사람을 멍청하다고 생각한다면 그건 그렇게 생각하는 사람이 사고를 바꾸어야 하는 것이다.

긍정적인 자기대화는 말더듬을 극복하는 데 아주 좋은 처방이다. 다음과 같은 생각이 든다면 부정적으로 생각하고 있다는 사실을 인지하고 평온과 긍정으로 넘어가려는 노력과 훈련이 필요하다.

나는 절망적이야.	→	절망 속에서도 기쁨과 감사를 찾도록 하자.
나는 고민이 너무 많아.	→	고민이 많다는 건 변화하려는 시도야. 고민 끝에 성장이 있겠지.
나는 걱정이 너무 많아.	→	생각이 많아서 그래. 생각이 아닌 행동을 해보자.
나는 화가 나.	→	마음속에서 열이 나는구나. 열을 식히기 위해 이것저것 해볼까?
나는 어리석어.	→	사람은 완벽하지 않아. 실수를 통해 배워나가면 돼.
나는 정상이 아닌 것 같아.	→	나는 참 독특하고 특별해.

나는 나를 믿지 못해.　　→　자신을 신뢰하기는 쉽지 않지. 작
　　　　　　　　　　　　　은 성공부터 체험해볼까?

　말을 더듬는 사람들 가운데 타인과 대화할 때 부정적인 태도를 취하는 사람들이 많다. 상대방이 말더듬을 가진 자신을 이상하게 생각할지도 모른다는 자격지심에, 먼저 상대방을 이상하게 생각하고 공격하는 것이다. 하지만 이렇게 행동하다 보면 결국 인간관계가 무너지고 사람들이 기피하는 대상이 될 수도 있다. 사람들은 생각보다 다른 사람에게 관심이 없다. 자기만 생각하며 살기도 힘든 세상이다. 말더듬 때문에 당신을 이상하게 생각하는 사람이 있다면 그건 그 사람의 문제다. 상처받지 말고 이렇게 생각해보자. '당신 인성, 문제 있다고!'

　다음은 말을 더듬는 사람들이 많이 접하게 되는 상황이다. 이러한 상황에서 스스로와 어떻게 대화하고 있는지 적어보자. 스스로의 대화는 꼭 입으로 소리 내서 말하는 것만 의미하는 게 아니라, 내면에서 하는 생각과 느낌까지 포함한다. 긍정적인 자기대화를 하고 있다면 좋겠지만 만약 무의식적으로 부정적인 생각이 먼저 떠오른다면 그 생각을 빠르게 알아차리고 멈추도록 노력해야 한다. 그리고 그 안에서 기쁨과 감사를 찾

는 긍정적인 생각으로 전환하는 것이 중요하다. 다음 페이지의 예시 상황에서 과연 나는 어떻게 생각하고 있는지 기록해보자. 그리고 그 후에 자신이 적은 자기대화가 긍정과 부정의 자기 대화 중 어디에 더 가까운지 살펴보자.

여러 사람과 대화하는 자리에서 말을 더듬었다.
이때 나는 무슨 생각이 들까?

💬 자기대화

😞 부정적인 자기대화

아, 또 말을 더듬었다. 사람들이 눈치채지 않았을까? 진짜 지겹다. 난 바보인가? 전생에 무슨 죄를 지었길래 말을 이렇게 못하냐. 저 사람이 나를 이상하게 보는 것 같은데? 말 더듬는 걸 들키지 않으려고 했는데 결국 들켰네. 정말 창피해. 이제 나를 만만하게 보겠구나.

😊 긍정적인 자기대화

말을 더듬었네. 말을 더듬을 수도 있지, 뭐. 사람들과 대화할 때 말을 안 더듬으려고 노력하다 보니 얼굴을 찡그리는 경우가 많았어. 차라리 웃는 얼굴에 더욱 신경 써야겠다. 말더듬보다는 내가 말하려고 하는 내용이 중요한 거야. 나는 진정성 있는 사람이니까 그저 진심으로 내 마음속 이야기를 전하면 돼. 내가 말더듬이 있다고 해서 누군가 나를 이상하게 생각한다면 그건 내 잘못이 아니야. 그 사람의 인성이 잘못된 거지.

상황2 말을 더듬지 않았다면 내 인생이 더 나아지지 않았을까?
왜 지금까지 말더듬을 고치지 않은 건지 자꾸 후회된다.

😊 자기대화

😣 부정적인 자기대화

내가 말을 더듬지 않았다면 학창 시절 친구들과 이야기할 때 듣고만 있지 않고 당당하게 말하며 대화를 주도할 수 있었을 텐데. 억울한 일을 당했을 때도 큰소리로 당당하게 말했다면 이렇게까지 답답하지는 않았을 텐데. 그때 내가 말을 더듬는다고 친구들이 놀리지 않았다면, 어른들이 '너 왜 이상하게 말해?'라고 나무라지 않았다면 내 인생이 지금보다 더 좋아졌을 텐데. 말더듬이 내 인생을 망쳤어.

😊 긍정적인 자기대화

말더듬이 아니라 말더듬을 나쁘게 생각하고 두려워했던 내 마음이 후회돼. 그리고 후회하면서 핑계만 대며 지나온 시간이 너무 아까워. 하지만 나는 지금이라도 말더듬을 고치기 위해 이 책을 보고 영상도 보면서 노력하고 있어. 원래 밝고 긍정적이었던 내 성격으로 돌아가고 싶어. 저 사람도 되고 이 사람도 되는데 나라고 안 되겠어? 이루지 못할 것은 없어!

상황3 지금까지 말더듬을 고치려고 노력해봤지만 잘 되지 않았다.
나의 말더듬은 평생 고쳐지지 않을 거란 생각이 든다.

~~~~~~

💬 자기대화

☹ 부정적인 자기대화

그래, 이렇게 연습한다고 달라지겠어? 나도 고쳐보려고 노력했었다고! 하지만 결국 실패했어. 나는 절대 말더듬을 고칠 수 없을 거야. 나는 평생 말더듬이로 살 거고 이렇게 소극적인 인생에서 벗어날 수 없어. 이번 생은 텄어. 나는 말더듬의 굴레에서 벗어날 수 없을 거야.

☺ 긍정적인 자기대화

그래, 그렇게 생각했었지. 근데 이렇게 보이스 트레이닝을 해보니까 숨쉬기가 편해졌네. 아직 숨이 차고 리듬감도 어색하지만, 예전보다 말을 더듬는 횟수가 많이 줄어들었잖아. 톤도 많이 내려가고 말도 천천히 하게 되었어. 예전에는 마음이 급해 빨리 말하다가 더듬는 경우가 많았는데, 이제는 천천히 여유롭게 말하고 있어. 내 목소리가 괜찮아 보일 때도 있고, 조금씩 연습하면서 희망이 생겼어. 남들보다 시간이 더 걸릴 수는 있어. 하지만 나는 지금 아주 올바른 방향으로 가고 있는걸!

실전 리딩
연습

지금까지의 훈련을 잘 따라왔다면 이제는 실전 리딩 연습이다. 연습에 유용한 예문을 적어놓았다. 연습을 돕는 실전 동영상 QR코드를 함께 수록했으니 영상을 보며 따라 해보는 것도 좋다.

매일 아침이면 스피치 학원 수강생들이 파일을 보내온다. 이 파일들은 수강생들의 보이스 트레이닝 과정을 담은 영상이다. 이를 하나하나 들어보며 원포인트 코칭을 해준다. 수강생 가운데 가장 열심히 하는 사람들은 항상 말더듬, 말막힘으로 고생하는 사람들이다. 이들은 말더듬을 고치기 위해 하루에도 몇 번씩 발성 연습을 한다. 얼마나 말더듬에서 벗어나고 싶어

하는지 알 수 있다.

다시 말하지만 말더듬은 훈련을 통해 충분히 극복할 수 있다. 실전 리딩 연습을 마치고 반드시 다시 1일 차 트레이닝으로 돌아가 배근육 훈련을 반복해야 한다. 1일 차부터 7일 차까지 최소한 3번은 반복해서 훈련하는 것이 좋다.

50년간 우리 생활과 밀접한 소비자 물가는/ 얼마나 달라 졌을까?/ 전문 가격조사기관인 한국물가정보는/ 1970년 부터 올해까지/ 주요 품목별 물가 변동 상황을 볼 수 있 는/ '종합물가총람'을 16일 발간했습니다./

교통비 변화 추이를 보면/ 1970년 1월 서울의 일반 시내 버스 요금은 10원이었습니다./ 현재 교통카드 기준 요금 1,200원과 비교해보면/ 50년간 120배 올랐습니다./ 지 하철은/ 1974년 8월 개통 당시/ 1구역 기본요금이 30원 이었습니다./ 현재 기본요금 1,250원(교통카드 사용 기준) 은/ 50년 전보다 41.6배 오른 셈입니다./

1970년 택시 기본요금은 60원으로, /시내버스 요금보다 6배 비쌌습니다. 택시 기본요금은/ 1974년 160원으로 오 르면서/ 처음으로 세 자릿수를 기록했습니다./ 현재 서울 의 택시 기본요금은 3,800원으로,/ 1970년과 비교하면 63배 정도 올랐습니다./

대표적인/ 서민음식으로 꼽히는 짜장면은/ 1970년에는/

한 그릇에 100원 수준이었습니다./ 2000년 2,500원까지 오른 뒤/ 최근에는 5천 원 선에 가격이 형성돼/ 50년 동안 50배 가까이 올랐습니다./

연합뉴스 「50년간 교통비 보니⋯시내버스 120배, 택시 63배 올라」

🗣️ 말더듬 체크 리스트

❶ 예문을 읽을 때 말막힘이 몇 번 있었는지 세어보자. (회)

❷ 말이 막히거나 발음이 안 되었던 단어를 원고에 표시해보자.

❸ 호흡이 밖으로 나왔는지 안으로 먹어 들어갔는지 살펴보자.

❹ 말의 스피드는 적정했는지 들어보자.

❺ 단어가 서로 엉키지 않게끔 리듬을 넣어 말했는지 들어보자.

국제유가 상승으로/ 국내 기름값도/ 올해 들어 최고치로 치솟았습니다./ 한국석유공사 유가 정보 서비스인 '오피넷'에 따르면/ 7월 셋째 주 휘발유 가격은/ 전주보다 리터당 평균 1.7원 오른/ 1,611.6원을 기록했습니다./ 3주 연속 상승곡선을 그리며/ 지난달 둘째 주에 기록했던 연중 최고치(1,610.1원)를 넘어선 것으로,/ 2014년 12월 넷째 주(1,620.0원) 이후 가장 높은 가격입니다./ 자동차용 경유도 전주보다 1.8원 오른/ 1,412.6원에 달해/ 역시 2014년 12월 넷째 주(1,431.3원) 이후 최고치를 기록했고,/ 등유 역시 1.6원 상승한 942.7원으로/ 올해 들어 가장 높은 가격에 판매됐습니다./

KBS뉴스「휘발유 · 경유 · 등유 가격 일제히 '연중 최고치'…3주째 상승」

❶ 예문을 읽을 때 말막힘이 몇 번 있었는지 세어보자. (회)

❷ 말이 막히거나 발음이 안 되었던 단어를 원고에 표시해보자.

❸ 호흡이 밖으로 나왔는지 안으로 먹어 들어갔는지 살펴보자.

❹ 말의 스피드는 적정했는지 들어보자.

❺ 단어가 서로 엉키지 않게끔 리듬을 넣어 말했는지 들어보자.

나는 배웠다./

다른 사람으로 하여금/ 나를 사랑하게 만들 수 없다는 것을./

내가 할 수 있는 일은/ 사랑받을 만한 사람이 되는 것뿐임을./

사랑은 사랑하는 사람의 선택에 달린 일./

나는 배웠다./

내가 아무리 마음을 쏟아 다른 사람을 돌보아도/

그들은 때로 보답도 반응도 하지 않는다는 것을./

신뢰를 쌓는 데는 여러 해가 걸려도/

무너지는 것은 한순간임을./

삶은 무엇을 손에 쥐고 있는가가 아니라/

누가 곁에 있는가에 달려 있음을/ 나는 배웠다./

우리의 매력이라는 것은 15분을 넘지 못하고/

그 다음은 서로를 알아가는 것이 더 중요함을./

다른 사람의 최대치에 나를 비교하기보다는/
나 자신의 최대치에 나를 비교해야 함을/ 나는 배웠다./
삶은 무슨 사건이 일어나는가에 달린 것이 아니라/
일어난 사건에 어떻게 대처하는가에 달린 것임을./

또 나는 배웠다./
무엇을 아무리 얇게 베어 낸다 해도/
거기에는 언제나 양면이 있다는 것을./
그리고 내가 원하는 사람이 되는 데는/
오랜 시간이 걸린다는 것을./

사랑하는 사람에게는 언제나
사랑의 말을 남겨 놓아야 함을/ 나는 배웠다./
어느 순간이 우리의 마지막 시간이 될지
아는 사람은 아무도 없으므로./

두 사람이 서로 다툰다고 해서/

서로 사랑하지 않는 게 아님을 나는 배웠다./

그리고 두 사람이 서로 다투지 않는다고 해서/

서로 사랑하는 게 아니라는 것도./

두 사람이 한 가지 사물을 바라보면서도/

보는 것은 완전히 다를 수 있음을./

나는 배웠다./

나에게도 분노할 권리는 있으나/

타인에 대해 몰인정하고/ 잔인하게 대할 권리는 없음을./

내가 바라는 방식대로 나를 사랑해 주지 않는다 해서/

내 전부를 다해 사랑하지 않아도 좋다는 것이 아님을./

그리고 나는 배웠다./

아무리 내 마음이 아프다 하더라도/ 이 세상은

내 슬픔 때문에 운행을 중단하지 않는다는 것을./

타인의 마음에 상처를 주지 않는 것과/

내가 믿는 것을 위해 내 입장을 분명히 하는 것,/

이 두 가지를 엄격하게 구분하는 일이/ 얼마나 어려운

가를./

나는 배웠다./

사랑하는 것과 사랑받는 것을./

「나는 배웠다」, 샤를르 드 푸코 지음(『사랑하라 한번도 상처받지 않은 것처럼』,
류시화 엮음)

🔊 말더듬 체크 리스트

❶ 예문을 읽을 때 말막힘이 몇 번 있었는지 세어보자. (회)

❷ 말이 막히거나 발음이 안 되었던 단어를 원고에 표시해보자.

❸ 호흡이 밖으로 나왔는지 안으로 먹어 들어갔는지 살펴보자.

❹ 말의 스피드는 적정했는지 들어보자.

❺ 단어가 서로 엉키지 않게끔 리듬을 넣어 말했는지 들어보자.

내 상처를 마주하고 그것을 치유하기 위한 노력을 해야 하는 것은/ 내 자신을 위한 것이며,/ 동시에 다른 사람들을/ 내 안에 다시 받아들이기 위한 것이다./

우리가 살아가면서 맺는 관계는/ 존재의 본질이며/ 개인은 전체와 연결되어 있다./ 우리 모두는 소중한 독립적인 존재이지만/ 다른 사람과 함께 더불어 살아가게 되어 있다./ 이것은 우리 모두에게 주어진 운명이다./

……

지금,/ 어떤 일로 슬픔에 잠겨/ 감당하기 힘들고 삶의 의욕이 떨어진다[떠러진다] 해도/ 그것을 상처로 확대하지 말아야[마라야] 한다./ 어떤 대상을 향해 슬픔을 풀어내려고 한다면/ 그에게 상처를 줄 수 있고,/ 내게도 상처가 될 수 있으며,/ 결국 슬픔 위에 상처를 한 겹 더 얹게 된다[언께된다]./

『상처를 떠나보내는 시간』, 김세라 지음, 보아스

❶ 예문을 읽을 때 말막힘이 몇 번 있었는지 세어보자. (회)

❷ 말이 막히거나 발음이 안 되었던 단어를 원고에 표시해보자.

❸ 호흡이 밖으로 나왔는지 안으로 먹어 들어갔는지 살펴보자.

❹ 말의 스피드는 적정했는지 들어보자.

❺ 단어가 서로 엉키지 않게끔 리듬을 넣어 말했는지 들어보자.

당신 삶의 모든 면에서/ 당신을 돕기 위해 의인이 올 것이다./ 직장엔 당신에게 도움을 줄 사람들이 생길 것이다./ 당신이 완전한 가정을 꾸리도록/ 도와줄 사람들이 나타날 것이다./ 당신이 하고자 하는 모든 일을 할 수 있도록/ 재정적 도움을 줄 사람들이 나타날 것이다./ 공항으로 가려고 할 때/ 택시 운전사가 당신을 기다릴 것이다./ 당신이 평소 존경해온 디자이너가/ 당신과 함께 일하기를 원할 것이다./ 휴가를 즐기던 중 갑자기 치아가 아플 때/ 치과의사가 우연히 같은 장소에 있게 될 것이다./ 그리고 당신의 정신과 영혼의 동반자가 당신을 발견할 것이다./ 이런 예외 목록은 끝이 없다./ 왜냐하면 우리는 모두 서로 관계를 맺고 있고/ 동일한 근원에서 생성되었고/ 의도의 동일한 신성한 에너지를 공유하고 있기 때문이다./ 이런 보편적 정신이 없는 곳은 없다./ 따라서 당신은 자신의 삶 속으로 끌어들이는 모든 사람과 함께/ 보편적 정신을 공유한다./

『의도의 힘』, 웨인 다이어 지음, 21세기북스

❶ 예문을 읽을 때 말막힘이 몇 번 있었는지 세어보자. (회)

❷ 말이 막히거나 발음이 안 되었던 단어를 원고에 표시해보자.

❸ 호흡이 밖으로 나왔는지 안으로 먹어 들어갔는지 살펴보자.

❹ 말의 스피드는 적정했는지 들어보자.

❺ 단어가 서로 엉키지 않게끔 리듬을 넣어 말했는지 들어보자.

애프터 영상
촬영하기

　앞에서 보이스 트레이닝을 하기 앞서 다음의 두 개의 원고를 소리 내 읽고 이를 녹음했다. 이 녹음은 자신의 말더듬이 나아지고 있는지 비교하기 위한 것이므로, 지우지 말고 간직해두었을 것이다. 그리고 7일간의 말더듬 트레이닝을 끝냈다면 훈련 전후를 한번 비교해보자. 다시 다음의 예문을 읽고 녹음이나 녹화를 하면 이전과 달라졌음을 느끼게 될 것이다.

훈련 예문

〈애프터 영상 촬영하기 1〉

소중한 타인을 바라보는 것처럼 나 자신을 바라보자.

지금 있는 그대로의 자기 자신을 인정하고 자기 자신에

게 따듯함을 제공하자.

스스로를 비난한다고 해서 달라지는 것은 아무것도 없다.

지금 나 자신을 움직일 수 있는 것은 나뿐이다. 나는 할

수 있다. 아자아자 파이팅!

말더듬 체크 리스트

❶ 예문을 읽을 때 말막힘이 몇 번 있었는지 세어보자. (회)

❷ 말이 막히거나 발음이 안 되었던 단어를 원고에 표시해보자.

❸ 호흡이 밖으로 나왔는지 안으로 먹어 들어갔는지 살펴보자.

❹ 말의 스피드는 적정했는지 들어보자.

❺ 단어가 서로 엉키지 않게끔 리듬을 넣어 말했는지 들어보자.

〈애프터 영상 촬영하기 2〉

올 초 불거진 라돈침대 사태 이후 우리 집 침대는 괜찮은 건지 불안해하시는 분들이 아직도 적지 않습니다. 그런데 이번엔 천연재료로만 만들었다는 일부 흙침대에서도 기준치 이상의 라돈이 검출되는 것으로 확인됐습니다. 생산 초기단계부터 보다 철저한 안전성 검사가 있어야 되겠습니다.

KBS뉴스 「'안전하다고 했는데'…흙침대에서도 라돈이?」

❶ 예문을 읽을 때 말막힘이 몇 번 있었는지 세어보자. (회)

❷ 말이 막히거나 발음이 안 되었던 단어를 원고에 표시해보자.

❸ 호흡이 밖으로 나왔는지 안으로 먹어 들어갔는지 살펴보자.

❹ 말의 스피드는 적정했는지 들어보자.

❺ 단어가 서로 엉키지 않게끔 리듬을 넣어 말했는지 들어보자.

이제 7일간의 말더듬 트레이닝이 끝났다. 말더듬은 소리를 내는 몸뿐만 아니라 마음의 근육도 함께 키워야 극복할 수 있다. 숨을 앞으로 토해내기, 배근육으로 소리를 밀어내기, 목소리 안에 리듬 넣기 등을 꾸준히 연습하는 것도 중요하지만, '말을 더듬지 말아야 해.'라는 생각을 버리는 것이 더욱 중요하다. 말을 더듬지 말아야 한다는 강박관념이 오히려 말더듬을 불러올 수 있기 때문이다. '아, 말 좀 더듬을 수도 있지. 지금 내가 좀 긴장했나? 오늘 컨디션이 안 좋나? 요즘 훈련을 게을리했

나?' 이렇게 생각하며 말더듬에 갇히지 않으면서 이를 개선하려면 어떻게 해야 할지 고민하고 행동해야 한다. 생각을 긍정적으로 전환하는 것 또한 필요하다.

7일간 말더듬 트레이닝으로 끝난 것이 아니라, 다시 처음으로 돌아가 반복해서 훈련해야 한다. 최소 2주간 반복하면 말하기가 좀 달라졌다는 생각이 들 것이다. 한 달 정도 꾸준히 훈련하면 말할 때 입과 턱이 가볍고, 말의 속도가 느려지고, 말을 더듬지 않고, 말할 때 안정감이 생겼다고 느끼게 될 것이다. 말더듬을 완전히 극복하려면 최소한 3개월 정도 꾸준히 훈련해야 한다. 평생 말더듬으로 고민해온 것을 생각해보면 3개월에서 6개월 정도의 훈련 기간이 절대 길다고 느껴지지 않을 것이다. 나는 여러분의 성실과 열정을 알고 있다. 그래서 이 책과 영상을 통해 여러분이 반드시 말더듬을 극복하리라 믿는다. 내가 말더듬 극복이라는 여정을 떠날 때 느꼈던 외로움을 여러분은 느끼지 않았으면 한다.

말더듬 트레이닝 체크 리스트

순서	트레이닝	O	시간
1	자기 목소리 경청하기		
2	자기대화 기록하기		
3	실전 리딩 연습		
4	애프터 영상 촬영하기		

🕐 총 연습시간

☑ 특이사항

7DAY
앞으로의 다짐

트레이닝을 하며 느낀 목소리의 변화를 생각해보고,
앞으로 보완할 점을 적어보세요.

YES

말더듬을 인생의 후회 또는 빛으로 만드는 것은
지금의 선택에 달려 있다

이렇게 말더듬 책이 끝났다. 마치 간증하듯 써 내려간 책이다. 그 누구한테도 말하고 싶지 않았던 나의 비밀인 말더듬이다. 말더듬을 극복하기 위해 노력했던 경험과 노하우, 그리고 아나운서와 쇼핑호스트로 방송을 하고 라온제나 스피치의 대표로 지난 십수 년간 말더듬 트레이닝을 연구한 모든 결과물을 이 책에 고스란히 담았다. 라온제나 스피치의 수강생들은 종종 이렇게 이야기한다.

"원장님! 어제 소개팅을 했는데 말이 하나도 안 막혔어요. 말더듬이 90% 이상 고쳐진 것 같아요."

"말하기가 많이 편안해졌어요. 예전에 비해 훨씬 말을 더듬지 않아요. 옆에 있는 가족들이 더 놀라더라고요."

"이제 배근육의 힘으로 말하고 있다는 게 확실히 느껴져요. 이 느낌을 진작에 알았더라면⋯. 이제부터라도 인생을 달리 살고 싶어요."

내 인생에서 가장 치열하게 무언가를 원했던 때가 언제였냐고 묻는다면, 바로 말더듬을 극복하기 위해 노력하던 대학생 시절이라고 말하고 싶다. 그때만큼 내 인생에서 무엇인가를 절박하게 원하고 열심을 다했던 적이 있었나 싶다. 말더듬을 극복하기 위해 노력했던 20대 초중반의 삶은 힘들고 치열했지만, 내 생애 가장 아름다운 청춘의 날이었다.

그때 고치길 정말 잘했지. 그때의 나에게 말하고 싶다. "말더듬을 고쳐줘서 고마워, 유정아!"

자, 이제 여러분이 치열하게 훈련할 때다. 말더듬으로부터 자유로워지는 그날까지!

말더듬을 고치고 내 인생이 달라졌다

초판 1쇄 발행 2020년 12월 15일
초판 2쇄 발행 2023년 12월 4일

지은이 | 임유정
펴낸곳 | 원앤원북스
펴낸이 | 오운영
경영총괄 | 박종명
편집 | 최윤정 김형욱 이광민 김슬기
디자인 | 윤지예 이영재
마케팅 | 문준영 이지은 박미애
디지털콘텐츠 | 안태정
등록번호 | 제2018-000146호(2018년 1월 23일)
주소 | 04091 서울시 마포구 토정로 222 한국출판콘텐츠센터 319호(신수동)
전화 | (02)719-7735   팩스 | (02)719-7736
이메일 | onobooks2018@naver.com   블로그 | blog.naver.com/onobooks2018
값 | 15,000원
ISBN 979-11-7043-150-3 03320

이 도서의 국립중앙도서관 출판예정도서목록(CIP)은 서지정보유통지원시스템 홈페이지(http://
seoji.nl.go.kr)와 국가자료종합목록 구축시스템(http://kolis-net.nl.go.kr)에서 이용하실 수 있습
니다. (CIP제어번호 : CIP2020048158)